Juan Camilo Galvis Ciro
Juan G. Bedoya Ospina

La nueva síntesis neoclásica en macroeconomía

Juan Camilo Galvis Ciro
Juan G. Bedoya Ospina

La nueva síntesis neoclásica en macroeconomía

Elementos teóricos hacia el nuevo consenso

Editorial Académica Española

Impressum / Aviso legal
Bibliografische Information der Deutschen Nationalbibliothek: Die Deutsche Nationalbibliothek verzeichnet diese Publikation in der Deutschen Nationalbibliografie; detaillierte bibliografische Daten sind im Internet über http://dnb.d-nb.de abrufbar.
Alle in diesem Buch genannten Marken und Produktnamen unterliegen warenzeichen-, marken- oder patentrechtlichem Schutz bzw. sind Warenzeichen oder eingetragene Warenzeichen der jeweiligen Inhaber. Die Wiedergabe von Marken, Produktnamen, Gebrauchsnamen, Handelsnamen, Warenbezeichnungen u.s.w. in diesem Werk berechtigt auch ohne besondere Kennzeichnung nicht zu der Annahme, dass solche Namen im Sinne der Warenzeichen- und Markenschutzgesetzgebung als frei zu betrachten wären und daher von jedermann benutzt werden dürften.

Información bibliográfica de la Deutsche Nationalbibliothek: La Deutsche Nationalbibliothek clasifica esta publicación en la Deutsche Nationalbibliografie; los datos bibliográficos detallados están disponibles en internet en http://dnb.d-nb.de.
Todos los nombres de marcas y nombres de productos mencionados en este libro están sujetos a la protección de marca comercial, marca registrada o patentes y son marcas comerciales o marcas comerciales registradas de sus respectivos propietarios. La reproducción en esta obra de nombres de marcas, nombres de productos, nombres comunes, nombres comerciales, descripciones de productos, etc., incluso sin una indicación particular, de ninguna manera debe interpretarse como que estos nombres pueden ser considerados sin limitaciones en materia de marcas y legislación de protección de marcas y, por lo tanto, ser utilizados por cualquier persona.

Coverbild / Imagen de portada: www.ingimage.com

Verlag / Editorial:
Editorial Académica Española
ist ein Imprint der / es una marca de
AV Akademikerverlag GmbH & Co. KG
Heinrich-Böcking-Str. 6-8, 66121 Saarbrücken, Deutschland / Alemania
Email / Correo Electrónico: info@eae-publishing.com

Herstellung: siehe letzte Seite /
Publicado en: consulte la última página
ISBN: 978-3-659-04949-1

LA NUEVA SÍNTESIS NEOCLÁSICA EN MACROECONOMÍA

Juan Camilo Galvis Ciro[1]

Juan Guillermo Bedoya Ospina[2]

---

[1] Magíster en ciencias económicas. Profesor Departamento de Economía, Facultad de ciencias humanas y económicas. Universidad Nacional de Colombia, sede Medellín. Dirección electrónica: jcgalvis@unal.edu.co

[2] Economista, Universidad Nacional de Colombia. Dirección electrónica: jgbedoyao@unal.edu.co

Miembros del Grupo de Investigación en Microeconomía Aplicada y Teoría Económica del Departamento de Economía de la Universidad Nacional de Colombia sede Medellín, calle 59A No. 63-20, bloque 46. Medellín – Colombia – Suramérica.

1

Contenido

Pág.

Introducción 5

Capítulo 1 - La emergencia de la macroeconomía 9

1.1. El fenómeno de la estanflación 12

1.2. La curva de Phillips y el papel de las expectativas 15

Capítulo 2 - Los problemas metodológicos de los modelos estructurales 18

2.1. Estructuralidad e inferencia causal: la crítica estadística 21

2.2. Crítica de Lucas 23

Capítulo 3 - La nueva macroeconomía clásica y keynesiana 29

3.1. La teoría del ciclo real: la metodología 31

3.2. Las proposiciones y fallas teóricas del modelo del ciclo real 40

3.3. La economía nuevo keynesiana 43

Capítulo 4 - Elementos principales de la nueva síntesis neoclásica 46

4.1. Prospectivas en el corto plazo 51

Bibliografía 54

3

INTRODUCCIÓN

La teoría macroeconomía se caracteriza hoy por una convergencia en cuanto a los métodos y modelos a utilizar. Aunque sigue existiendo un amplio espectro de opiniones en muchos temas importantes, hay menos desacuerdo hoy sobre cuestiones fundamentales entre los macroeconomistas respecto a las grandes controversias pasadas (Woodford, 1999; 2009).

La década de los sesenta y setenta del siglo pasado fue escenario de grandes controversias ya que no sólo había un gran debate sobre la importancia cuantitativa de determinados mecanismos económicos o tipos de política que se podían defender, sino que también había preguntas básicas sobre el método. Por citar un caso, había interrogantes sobre qué tipo de modelos podía emplearse razonablemente en el análisis macroeconómico, qué tipo de trabajo empírico debía utilizarse para demostrar ciertas proposiciones y sobre qué tipo de preguntas podía o no encontrarse respuesta (De Vroey y Malgrange, 2011; Woodford, 2009:1).

Los que se denominaban keynesianos, por un lado, utilizaban el análisis econométrico para predecir los efectos a corto plazo de determinadas políticas económicas llevadas a cabo, y se hacía énfasis en la relevancia empírica de los modelos sobre la base de su ajuste con series de tiempo agregadas. Los monetaristas por otra parte, veían de manera escéptica este proyecto y hacían hincapié en las predicciones más sólidas de la teoría sobre los resultados de largo plazo. Luego aparecen los nuevos clásicos que defendían algunas de las tesis monetaristas pero con armas metodológicas más modernas fundadas en la teoría neowalrasiana. Sin embargo, estos últimos diferían tanto de los keynesianos como de los monetaristas en su posición metodológica.

Los nuevos clásicos junto con la naciente teoría del ciclo real (RBC) que vendría luego a nutrir el debate metodológico, diferían con respecto a monetaristas y keynesianos en la concepción de los modelos macroeconómicos coherentes e insistían en la construcción de modelos rigurosamente formulados mediante la teoría neowalrasiana inspirada en la consolidación del modelo Arrow-Debreu. Desde este punto el debate empezó a cambiar de rumbo, ya que con la novedosa forma de modelar la economía introducida en la teoría del ciclo real por Kydland y Prescott (1982), la división central entre los macroeconomistas teóricos[3] dejó de ser la relevancia a corto o largo plazo de los modelos, para convertirse en la importancia de tener coherencia teórica en los mismos. Ya las relaciones *adhoc* tan afines a los modelos keynesianos no tendrían fuerza en la discusión teórica, y la crítica de Lucas (1976) se empezó a asimilar mediante la construcción de modelos dinámicamente coherentes y micro fundamentados.

Es en este punto donde surgió precisamente la primera convergencia entre los macroeconomistas. Las preguntas sobre el método en cierta forma fueron solucionadas aceptándose finalmente la necesidad e idoneidad de los modelos dinámica e intertemporalmente coherentes, con relaciones micro fundamentadas y relaciones de equilibrio general donde todo afecta todo. No obstante, la única manera en los años ochenta de hacer modelos de este tipo era haciendo uso de los modelos del ciclo real, y debido a que las conclusiones de estos modelos eran necesariamente incomodas para keynesianos y monetaristas, las discusiones de la relevancia de cierto tipo de políticas económicas seguía en pie y la discusión continuó siendo fuerte hasta finales de los noventa.

La controversia seguía siendo fuerte, principalmente, porque el modelo del ciclo real al suponer mercados completos y perfectos junto con flexibilidad total en precios y salarios, traía como conclusión que los ciclos económicos se deben a cambios tecnológicos o de preferencias y que ante todo eran respuestas óptimas de la economía, e independientes de la política monetaria. Es decir, en los modelos iniciales del ciclo real, el ciclo se presenta como un ajuste dinámico de una economía en equilibrio ante perturbaciones reales y las fluctuaciones son óptimas, por lo que las políticas anticíclicas generan distorsiones que alejan a las economías de su nivel óptimo de equilibrio. El problema es que este tipo

---

[3] El objetivo inicial de Kydland y Prescott en 1982 fue mostrar que las fluctuaciones económicas podían ser explicadas como consecuencia de los ajustes de optimización de los agentes ante shocks exógenos de tecnología. Además, mostraron cómo los modelos del tipo de Lucas podían volverse cuantitativos diseñando un programa de investigación que se convirtió en el enfoque de la macroeconomía actual.

de proposiciones, si bien eran coherentes con los propósito de la teoría del ciclo real de estudiar los ciclos económicos alejando todo ruido posible producido por la política monetaria, eran también demasiado chocantes con los análisis keynesianos, monetaristas y hasta los nuevos clásicos quienes tenían ciertas nociones de la no neutralidad de la política monetaria bajo ciertas condiciones.

Fue sólo hasta el desarrollo teórico de los años ochenta que hicieron algunos keynesianos[4] mediante sólidos fundamentos microeconómicos alrededor de la incorporación de la no flexibilidad total en las variables en modelos dinámicos, cuando se empezó a tener cierta noción sobre la no neutralidad de la política monetaria en el interior de los modelos del ciclo real, siendo precisamente ésto lo que posibilitó el primer paso hacia la convergencia no sólo en el método (Woodford, 2009).

Este tipo de modelos permitió a su vez llegar al consenso de que el análisis microeconómico y macroeconómico no se consideraran basados en principios fundamentales diferentes ya que el modelo del ciclo real con rigideces nominales permitió conciliar la percepción de los hogares o comportamientos de las empresas (el comportamiento de los mercados individuales) con el propio modelo de economía global (Goodfriend y King, 1997).

De hecho, en la teoría económica contemporánea estos lineamientos son ampliamente aceptados y hoy los macroeconomistas reconocen lo importante que es contar con modelos de equilibrio general en el sentido amplio, de exigir que todas las ecuaciones del modelo sean derivadas de bases coherentes entre sí, y que el comportamiento especifico de cada unidad económica tenga sentido dado el ambiente creado por el comportamiento de los otros (Wickens, 2008).

Teniendo en cuenta esta convergencia en la macroeconomía teórica y empírica, este texto se propone hacer una aproximación a los elementos que posibilitaron la construcción de una nueva síntesis en macroeconomía. Para ello, inicialmente se aborda el periodo que transcurre desde la teoría general hasta los años sesenta. Luego, se analiza el problema de la estanflación y se dedica una sección a la llamada crítica de Lucas. Más tarde, se relaciona ésta crítica

---

[4] Donde se destacan Fischer (1977), Taylor (1979, 1980), Gordon (1982) y Calvo (1983) mediante análisis micro fundamentados y de equilibrio general sobre las rigideces nominales en salarios y precios respectivamente.

con los modelos del ciclo real y se presenta después la nueva macroeconomía clásica y keynesiana. Por último, se comenta sobre los elementos centrales de la nueva síntesis, en especial las proposiciones de política que sugiere.

CAPÍTULO 1 - LA EMERGENCIA DE LA MACROECONOMÍA

La macroeconomía se reconoce ahora como la rama de la economía preocupada por las fluctuaciones del nivel de la actividad económica a corto y largo plazo, junto con los determinantes de la inflación, la tasa de interés, el tipo de cambio y los efectos de la política económica sobre la economía agregada.

La historia de la macroeconomía hasta antes de la gran depresión se resume en los intentos teóricos de diferentes escuelas sobre la discusión de la recurrencia y durabilidad de los ciclos económicos, junto con la posibilidad de aislar las causas que aquellos tenían sobre los mercados. Es por ello que mucha de la teoría económica hasta los años veinte del siglo pasado giraba respecto a la secuencia de eventos que caracterizan los ciclos económicos y la posibilidad de evitarlos (Woodford, 1999).

Aquella fue la época en que emerge la teoría cuantitativa del dinero y los primeros intentos de construcción teórica sobre los efectos de las políticas de estabilización. No obstante, en general la influencia práctica hasta antes de la gran depresión de aquellos primeros aportes teóricos fue poca, motivado en parte por el marco teórico predominante que suponía que las situaciones de desempleo eran momentáneas y se autocorregían. Es por esto que la macroeconomía sólo vino a considerarse seriamente por parte de los gobiernos en la época de la gran depresión cuando los hechos refutaban las proposiciones de la teoría económica.

La *Teoría general* de Keynes vió la luz precisamente en los días con la gran depresión de 1929, debido en parte a aquellas proposiciones pasivas de política económica que sugerían los primeros aportes teóricos de la macroeconomía clásica. Los aportes de Keynes giraban en torno a demostrar la existencia teórica del desempleo involuntario y las medidas políticas para solucionar el problema, buscando explicar la existencia de un fenómeno que se observaba y que era resultado, según Keynes (1936), de la deficiencia en la demanda agregada.

Keynes (1936) enfatizó en la determinación dinámica del conjunto de variables claves como el empleo, el ingreso, la tasa de interés y los precios para cualquier punto dado en el tiempo. Además, la consideración hecha por Keynes sobre las interacciones entre los varios mercados para determinar el nivel de las variables, hizo posible entender cómo afectaban cierto tipo de intervenciones a la economía, y si eran o no efectivas.

Es por ello que Keynes es considerado el padre de la macroeconomía ya que propuso una poderosa máquina para analizar los efectos de una variedad de factores distorsionantes sobre gran cantidad de importantes variables económicas. Factores que según Keynes tenían persistencia en sus efectos sobre las variables agregadas mientras transcurría el período en el cual los salarios tardaban en ser totalmente ajustados.

No obstante, la confusión sobre el mensaje central de Keynes fue grande e incluso se llevó a cabo una sección en la *Econometric* Society en torno a la obra, en especial sobre el llamado de que aquella estaba formada por elementos que la hacían más general que la economía clásica. De dicho debate, sería la interpretación de Hicks (1937) la que más llamó la atención al comparar los puntos de vista de Keynes con los clásicos en simples ecuaciones simultáneas.

La originalidad de los diagramas de Hicks, permitió incorporar no sólo lo que se pensaba que había dicho Keynes, sino que también incorporó las proposiciones de la teoría clásica. Es por esto que este modelo, denominado el modelo IS-LM, se convirtió tiempo después en el caballo de batalla de la macroeconomía (*workhorse*) ya que fue capaz de explicar algunos de los objetivos de la teoría keynesiana, como lo son el desempleo involuntario y las fallas de mercado, y compararlos con el mundo de la economía clásica. Además, mostraba también cuándo las proposiciones de la teoría clásica operaban (De Vroey y Malgrange, 2011).

El modelo IS-LM de Hicks, reformado luego por el trabajo de Modigliani (1944), comprendió dos distintos submodelos, el sistema clásico y el keynesiano, por lo que no es estrictamente keynesiano, aunque gran parte de los llamados keynesianos lo compartían[5]. Una etapa posterior en el refinamiento del IS-LM fue cuando se hizo el supuesto de precios fijos y el encuentro de la relación inversa entre tasa de inflación y tasa de desempleo. De hecho, la relación buscada entre estas dos variables fue realmente un intento de incorporar al modelo los resultados que había encontrado Phillips (1958) para el Reino Unido en torno a la relación inversa entre cambios en salarios y cambios en la tasa de desempleo, siendo Samuelson y Solow (1960) quienes la incorporaron posteriormente al modelo IS-LM.

Este aporte fue de gran relevancia ya que la llamada curva de Phillips ha sido tema central en la macroeconomía desde mediados del siglo XX y sus proposiciones y fallas han sido de gran evolución en la teoría económica. Se debe recordar que el trabajo de Phillips (1958), donde se encontró una relación estadística entre la tasa de paro y la tasa de cambios del nivel de salarios, inspiró a deducir una relación negativa entre salarios y desempleos para tener así una teoría coherente sobre la determinación del producto, el nivel de empleo y posteriormente el nivel de precios.

Es decir, ya que la curva de Phillips podía sustentar una relación inversa entre salarios y desempleo es idóneo afirmar que ella vino a llenar un vacío en la teoría keynesiana y se convirtió en el análogo de la teoría de salarios y empleo en Keynes (Tobin, 1972). Aunque es posible argumentar que la ausencia de una relación entre empleo, salarios e inflación no estaba ausente en *la teoría general* de Keynes sino en la interpretación de Keynes hecha por Hicks, y era la ausencia de una relación entre dichas variables, en el modelo IS-LM, lo que debilitaba un poco a este modelo para dar cuenta de los hechos. Es por ello que el trabajo de Phillips es importante ya que proporcionó el eslabón faltante (Deleplace, 2008).

Por otra parte, y más por los lados del trabajo empírico macroeconómico, los progresos fueron notables con modelos con cada vez más variables y ecuaciones intentando simular diferentes medidas de política. Aunque esta corriente de economistas, quienes se inspiraban en el modelo IS-LM y buscaban contrastarlo, pronto desbordaron lo que el modelo era capaz de

---

[5] Hay un debate importante sobre qué fue realmente lo que dijo Keynes y quienes son los keynesianos. En este documento se asumirá que el modelo IS-LM incorpora proposiciones keynesianas y que con base en él se llevaron a cabo políticas de tipo keynesianas.

proveer y empezaron a formular modelos más pragmáticos acordes con lo que iban desentramando en los datos y que no tenía soporte teórico[6]. Es por ello que el camino tomado por la macroeconomía en los años sesenta se concentró en la construcción de modelos macroeconométricos estructurales tanto por el éxito relativo de aquellos como por la popularidad del trabajo empírico.

Los sucesos que ocurrieron con el modelo IS-LM no se deben a la mera suerte. El modelo IS-LM tiene dos virtudes: modelar la interdependencia económica de una manera simple y su plasticidad para ajustarse a diferentes visiones del funcionamiento de la economía. Aunque también tiene deficiencias, siendo la principal la dimensión microeconómica de las elecciones de los agentes ya que ésta recibió poca atención por ajustarse a cierta dicotomía entre la microeconomía y macroeconomía que Hicks había trazado. Además de ello, el modelo IS-LM tiene problemas para incorporar las expectativas de los agentes.

Fueron precisamente estas dificultades, en especial el papel de las expectativas, lo que hizo que el modelo empezara a ser desplazado en los años setenta ya que era incapaz de explicar fenómenos que se estaban dando, en especial el de la estanflación. Además de la inconsistencia del modelo con los hechos, se le suman también los problemas metodológicos que presentaba aquel cuando empezó a surgir el interés por los modelos microfundamentados.

1.1. El fenómeno de la estanflación

Por veinticinco años durante la posguerra, el modelo IS-LM dominó la macroeconomía hasta que los nuevos sucesos ajenos al cuerpo teórico del modelo hicieron que éste empezará a ser desafiado.

Como se recordará, en los años setenta la política macroeconómica enfrentaba grandes desafíos en Estados Unidos con una economía que presentaba niveles de inflación del 10% y un desempleo alto, fenómeno que sería bautizado por los economistas como el fenómeno de la estanflación. Este fenómeno llevó a que las grandes controversias sobre la importancia cuantitativa y cualitativa de determinados mecanismos de política económica se profundizaran debido a

---

[6] Este paradigma vio su desarrollo metodológico en la llamada Cowles Commission donde Tinbergen (1939) fue el más destacado al desarrollar macromodelos estocásticos para intentar explicar los ciclos económicos.

que la estanflación anulaba el mecanismo de política surgido alrededor de la curva de Phillips que consistía en lograr una adecuada ponderación entre niveles de inflación y de producto, análisis que se había incorporado a las políticas keynesianas pero que en la década de los setenta empezó a perder grados de libertad de manera creciente.

Había así un alto escepticismo sobre la posibilidad de que la política monetaria fuera efectiva para reducir la inflación, o por lo menos se creía que sí era posible pero a un alto costo político. Por esos años se creía además que la inflación obedecía a factores no monetarios como el déficit fiscal, los shocks de precios de algunos bienes primarios y el petróleo, la agresiva unión de trabajadores, entre otros. Se le sumaba también las grandes volatilidades que durante los últimos veinte años había presentado el producto, el empleo y los precios en la economía estadounidense que empezaron a crear descontento sobre la forma en que era conducida la política monetaria (Friedman y Schwartz, 1963).

Todo ésto hacía que se tuvieran interrogantes sobre dos cuestiones claves. En primer lugar si el banco central tenía capacidad de controlar la inflación y segundo, si la credibilidad del banco influenciaba las expectativas de inflación, cuestiones claves que ya se habían empezado a debatir (Goodfriend, 2007).

Por un lado, desde la década de los sesenta, los economistas monetaristas encabezados por Friedman empezaron a mostrar que los bancos centrales tenían capacidad para controlar la inflación. Aquellos afirmaban que si bien a corto plazo hay varios factores que afectan la inflación, a largo plazo la inflación se debía solo al excesivo crecimiento de la oferta de dinero sobre el crecimiento del producto y, por lo tanto, el control de la moneda era suficiente para controlar la inflación (Friedman, 1968).

Por otra parte, en lo que se refiere a las expectativas de inflación, había un consenso en que éstas juegan un papel central en propagar la inflación de precios y salarios, aunque había desacuerdos acerca de si la política monetaria podía afectar las expectativas. Fue la llamada teoría de las expectativas racionales, la que exploró el vínculo entre la inflación sicológica (las expectativas de inflación) y la política monetaria. Por citar un caso, se empezó a evidenciar teórica y empíricamente que las expectativas de inflación se formaban con los deseos del banco central de mantener la inflación siempre

13

baja y seguir una política monetaria no inflacionaria. Los economistas de la nueva macroeconomía clásica en la década de los setenta, argumentaron que si la desinflación es creíble, el crecimiento del dinero, las expectativas de inflación y la actual tasa inflación pueden mantenerse bajas con pequeños efectos adversos sobre el empleo. Si no es creíble la desinflación, los salarios y la inflación continuaran como antes, y el público bancario incrementará las tasas de interés y el desempleo crecerá.

La cuestión fue cómo los bancos centrales podrían adquirir pronto credibilidad para transmitir una baja inflación. De hecho, los monetaristas estaban divididos en esta cuestión, ya que solamente el control sobre la oferta monetaria no aseguraba que los bancos tuvieran éxito en conseguir niveles de inflación bajos. Este problema se empezaría a dilucidar luego con los aportes Kydland y Prescott (1977) quienes demostraron que la política monetaria era a menudo "tiempo inconsistente", lo que significaba que si el banco central era libre de tomar decisiones políticas sobre una base discrecional, tenían siempre un incentivo para prometer la persecución de una inflación baja, y luego ejecutar una política expansionista orientada a la disminución del desempleo.

Con ello, Kydland y Prescott (1977) sugerían entonces que a menos que la promesa de seguir una inflación baja fuera respaldada por un mecanismo creíble, había espacio para las políticas inconsistentes en el tiempo. Es decir, no sóo era necesaria la independencia de los bancos centrales[7] si no que se necesitaba además un mandato legislativo que obligara a los bancos centrales a perseguir una inflación baja para así adquirir la credibilidad necesaria para lograr la desinflación. Además, esto ayudaba a que las expectativas de inflación se anclaran rápidamente hacia la baja y se redujeran los costos del desempleo.

Todo este pesado ambiente académico en los años setenta, hizo que los macroeconomistas se dividieran por las controversias que estaban relacionadas no sólo con los juicios sobre la posible importancia cuantitativa de determinados mecanismos económicos, sino que también empezó a darse una división en torno al método, con preguntas como, ¿Qué tipo de modelos razonablemente podría ser empleado en el análisis macroeconómico?, ¿Qué tipo de trabajo empírico podía demostrar nada sobre el mundo?, y ¿Qué tipo de preguntas eran relevantes y era posible responder? (Friedman, 1968).

---

[7] Después de todo la FED había sido independiente durante mucho tiempo.

Esta nueva experiencia, ajena a las políticas keynesianas, empezó a crear así un clima de escepticismo sobre el impacto de la política económica en los agregados reales de la economía y el modelo keynesiano, materializado en el modelo IS-LM, después de un poco más de veinte años se vino abajo.

1.2. La curva de Phillips y el papel de las expectativas

El ambiente académico, político y teórico de los años setenta del siglo pasado era propicio para llevar a cabo un cambio en la forma en que había sido conducida la política económica y la contrarrevolución en el pensamiento macroeconómico. La importancia del papel que desempeñaban las expectativas en el comportamiento de las variables agregadas, la relación bidireccional entre agentes y los hacedores de política, las dificultades de los modelos macroeconométricos de corte keynesiano, entre otras razones, dieron vida a un nuevo grupo de teóricos, que se dieron a la tarea de repensar la macroeconomía desde sus cimientos, es decir desde los comportamientos individuales (Salehnejad, 2007).

La curva de Phillips, pieza central de la macroeconomía keynesiana, fue atacada por dos jóvenes economistas: Friedman y Phelps. De hecho, Friedman (1968) al tomar dirección de la American Economic Asociation hizo una persuasiva conferencia y direccionó su crítica a dos piezas centrales de las políticas keynesianas. La primera era la posibilidad de que el gobierno tuviera capacidad de presionar al banco central para bajar la tasa de interés mientras la segunda crítica se dirigía a la estabilidad de un trade-off entre inflación y desempleo.

Friedman (1968) sugería que si bien el dinero tiene impactos reales a corto plazo cuando los cambios no son anticipados, esto se debe a que hay diferencias de percepción entre las firmas y los trabajadores, de los cuales sólo los primeros tienen expectativas correctas mientras los trabajadores se equivocan y es en este contexto donde el dinero no es neutral y existe la posibilidad de explotar una Curva de Phillips, logrando mayores niveles de empleo a costa de un poco de inflación. Sin embargo, los desplazamientos sobre la curva de Phillips sólo tienen lugar a corto plazo mientras los trabajadores revisan sus expectativas de aumentos en los precios y las integran a sus nuevas percepciones.

Para que se mantenga creciente el nivel de empleo, Friedman sugirió entonces que la oferta de dinero debía crecer a una tasa cada vez mayor pero que este proceso llevaba inevitablemente a problemas de hiperinflación. Es decir, mientras a corto plazo la curva de Phillips presenta una pendiente negativa, a largo plazo se vuelve vertical al nivel de una tasa de desempleo que Friedman (1968) llamó tasa natural de desempleo, siendo este el nivel de desempleo que surgiría si se diera el equilibrio walrasiano en el mercado.

Los argumentos de Friedman (1968) se verían luego confirmados con el fenómeno de la estanflación en los años setenta, surgiendo así un interés por llevar la economía a la tasa de desempleo natural mediante reglas monetarias claras y un manejo adecuado de la oferta monetaria. Esto dió paso a que se redimensionara la importancia de las expectativas en el diseño, manejo y efectividad de la política económica para explicar la imposibilidad de un trade-off de largo plazo entre desempleo e inflación, y la posible existencia de una curva de Phillips vertical, siendo ésta la herramienta de política sobre la que giraba toda la discusión teórica y empírica.

Es en este ambiente, en donde aparece las contribuciones de la nueva macroeconomía clásica en cabeza de Lucas (1976) y Sargent (1981), las cuales se enmarcan no tanto en la insistencia de la formación de expectativas racionales, sino que aquellas se forman activamente y reaccionan ante los eventos e incorporan las comprensiones observadas. Estas críticas ponían en discusión la efectividad de las políticas económicas tal y como eran planteadas hasta la época, y reabrían la necesidad de considerar los problemas macroeconómicos desde una óptica diferente ya que cualquier cambio sistemático en la ejecución de la política económica se incorporaba en el conjunto de información de los agentes y limitaba así la efectividad de cualquier política.

Sumado a lo anterior, uno de los principales desafíos de los macroeconomistas era explicar cómo los agregados económicos evolucionaban en el tiempo y cómo todas estas variables eran afectadas por la política económica y los cambios en el ambiente económico. Por ejemplo, el papel del banco central, su credibilidad y sus instrumentos empezaron a reconocerse que tenían importantes consecuencias en la efectividad de la política monetaria para estabilizar las fluctuaciones de los agregados económicos (Kydland y Prescott, 1977). Por el lado del gobierno, el papel de la deuda, los impuestos, la independencia del banco con el gobierno y la búsqueda del señoreaje para asegurar el balance fiscal también se evidenciaron que traían consecuencias importantes en la efectividad del control de la inflación (Sargent y Wallace, 1975; 1981).

Muchos de los problemas del análisis económico empírico eran entonces cómo distinguir, en los datos observados, entre causas y efectos. Más importante aún eran las conclusiones que se podían extraer de preguntas sobre cómo cambia la actividad económica ante reacciones causadas por los cambios en el régimen de política. El problema es que éstas preguntas, hasta la década de los setenta eran abordadas por medio de los modelos macroeconométricos keynesianos que guiaban el diseño e implementación de la política económica los cuales fueron reemplazados por no ser inmunes a la llamada crítica de Lucas (1976).

Llegamos así a que es posible desde Keynes hasta Lucas hacer un recorrido teórico entre las distintas visiones del pensamiento económico, como los neokeynesianos, los nuevos clásicos pasando por el monetarismo, para ubicar toda la discusión entre el activísimo o no de la política económica desde la curva de Phillips (Maya, 2008). Por ser la crítica de Lucas pieza central en la construcción metodológica de los modelos y las proposiciones de política económica en la macroeconomía actual, se presentarán en el siguiente capítulo los elementos centrales de cómo surgió aquella y cuales son sus bases teóricas.

CAPÍTULO 2 - LOS PROBLEMAS METODOLÓGICOS DE LOS MODELOS ESTRUCTURALES

Hasta finales de los años sesenta, la evaluación econométrica de política era para entonces el foco principal en la macroeconomía, por lo que es necesario revisar la metodología con la cual se llevaba a cabo dicha evaluación, y posteriormente presentar la llamada *"crítica de Lucas"*(1976) como una respuesta a tales procedimientos.

Describir los comportamientos de una economía en forma consistente y a nivel agregado es sin duda un trabajo complicado. La economía está poblada por una gran cantidad de agentes, entre los que se puede considerar consumidores y firmas, además del gobierno e instituciones como el banco central. Los objetivos de estos componentes y sus interrelaciones hacen así de esta descripción un problema de gran envergadura.

Suponiendo que se tiene cierta descripción de los agentes, los macroeconomistas, por lo general, dirigen sus esfuerzos después a considerar cuales serían las consecuencias de ciertas medidas de política económica o de cambios en alguna de las relaciones de interés. El segundo proceso, anteriormente descrito de manera simplificada, es el que concentraba el grueso del trabajo en la década de los sesenta. La construcción de modelos macroeconométricos con gran cantidad de reglas de comportamiento para los agentes y de interrelaciones entre éstos y las diferentes instituciones, para posteriormente llevar a cabo experimentos de política y evaluar los diferentes resultados, eran entonces el común denominador.

Algunos modelos sobresalientes de la época, como por ejemplo el de Klein-Goldberger (1955) o los de la "Brookings Institution" (Taubman y Fromm, 1968), expresaban este impulso del trabajo empírico, además de representar la necesidad de construir modelos cada vez más grandes y complejos como herramientas útiles para llevar a cabo los análisis de política que se hacían en los sesenta. Aunque estos modelos podían diferir en algunas cuestiones más allá de la cantidad de ecuaciones y relaciones incluidas en ellos, tenían en general una estructura similar, la cual les ha dado el nombre genérico de *modelos macroeconométricos estructurales.*

Los gestores de estos modelos se apoyaban sobre la estabilidad de las relaciones económicas a nivel agregado como un punto de partida para tal construcción, con referencia a los modelos estructurales sobre los cuales llevaban a cabo el análisis de políticas alternativas.

Para desarrollar la intuición detrás de los métodos mencionados en aquellos modelos, se parte de la siguiente ecuación:

$$Y = \phi + \beta X + \varepsilon \qquad (1)$$

Donde Y representa la variable dependiente o de respuesta, X la variable independiente o de política, y ε es el término de error con algunas propiedades estadísticas clásicas como media cero y varianza constante. La ecuación (1) se podría interpretar de dos maneras: en primer lugar como una ecuación de regresión, la cual permite discernir la relación existente entre las variables X y Y en una muestra determinada. En este caso, el parámetro β indicaría el nivel de asociación entre ambas variables, pero contemplándose no una relación causal entre ambas sino un grado de asociación. En segundo lugar, se podría leer la ecuación (1) como una ecuación estructural, en tal caso, esta sería útil para efectos de predicción, lo que permitiría que llevándose a cabo cambios en X fuera posible predecir la respuesta de Y.

Las dos posibles interpretaciones mencionadas no poseen diferencias sutiles, por el contrario son tangencialmente opuestas, y la elección de una de éstas dos líneas puede por lo tanto, determinar el curso de lo que se haga con ellas. Es de interés en este texto, prestar especial atención a la interpretación estructural, ya que los modelos de la década de los sesenta estaban construidos por una serie de estas ecuaciones.

Si la ecuación (1) es considerada estructural, tendríamos entonces que ésta relación es estable y se mantiene, aún cuando se lleven a cabo cambios en X. De manera que se tendría pleno control de Y, definiéndose una relación de causalidad, y el parámetro β que mide tal causalidad se mantendría invariante al proceso de control[8].

La orientación por la forma estructural de la ecuación (1) tiene entonces varias consecuencias. Se establece la exogeneidad de las variables posicionadas en el lado derecho[9], y la endogeneidad de las variables ubicadas en el lado izquierdo. También, se establece causalidad y estabilidad en la relación entre ambas variables lo que me permite, por tanto, realizar un control preciso de las variables endógenas a través de las exógenas.

Los *"modelos estructurales"* estaban entonces formados por grupos de estas ecuaciones, que además de poseer en cada una la propiedades anteriormente señaladas, aseguraban que cada una de las ecuaciones que lo componían fueran independientes de las otras[10], permitiendo alterar un segmento del modelo sin alterar de manera directa los otros segmentos. Vale la pena indicar que tales ecuaciones en los modelos estructurales representaban las reglas de comportamiento de los agentes, las interrelaciones entre las variables de interés[11], etc.

Sobre este tipo de modelación se levantaban así ciertas inquietudes[12], en particular cuestiones relacionadas con la dirección de la causalidad y la estabilidad de la relación, las cuales se presentan a continuación.

---

[8] Por el contrario, la interpretación como una simple ecuación de regresión no requiere que esta relación se mantenga, ya que a cambios en X, el nivel de asociación entre ambas variables podría también cambiar. En el caso estructural, la determinación de X no afecta la relación entre X, Y.

[9] Se entiende por exogeneidad que aquellas variables no son explicadas por la ecuación (el modelo), pero deben ser provistas a él para obtener los valores de Y.

[10] *"(...) cada ecuación en un modelo estructural representa un mecanismo causal autónomo, que puede ser modificado sin afectar los otros mecanismos representados por otras ecuaciones en el modelo"* Salehnejad (2007).

[11] *"(...) Cualquier discusión de los efectos de cambios en la estructura económica, traídos ya sea por tendencias o políticas, es mejor expuesto en términos de cambios en ecuaciones estructurales, (...) por esta razón es importante que el sistema sea reconocible como ecuaciones estructurales"* Epstein (1987).

[12] En el artículo *"After Keynesian Macroeconomics"* (1979), Lucas y Sargent dan un repaso sobre las dificultades del método, desarrollando especialmente el problema de causalidad, el de identificación y el de la estabilidad.

20

2.1. Estructuralidad e inferencia causal: la crítica estadística

El tema de la causalidad ha sido siempre un tema de controversia en el trabajo macroeconómico, aún en las épocas más exitosas de los modelos macroeconométricos. La cuestión de la inferencia causal ha tenido especial relevancia, especialmente por el llamado de algunos académicos a la inviabilidad del método de regresión para establecer causalidad[13].

Volvamos a la ecuación (1) y consideremos que las variables se están midiendo alrededor de su media[14], por tal motivo se elimina el intercepto y la ecuación queda como sigue:

$$Y = \beta X + \varepsilon \qquad (2)$$

El parámetro β es estimado por medio de mínimos cuadrados ordinarios (MCO) y el término de error conserva sus propiedades. Así, nuestro parámetro estimado será insesgado, eficiente y consistente si se cumplen dos condiciones: en primer lugar, no correlación entre los regresores y el término de error, $Cov(x_i, \varepsilon_i) = 0$. Esta primera condición implica, así, que no se ha omitido ninguna variable en la especificación del modelo, la cual puede tener alguna incidencia en la determinación de X (condición de ortogonalidad). En segundo lugar, se espera que el término de error no se encuentre correlacionado, $Cov(\varepsilon_j, \varepsilon_i) = 0$, es decir, que no posea alguna estructura que afecte al parámetro estimado.

Estas son las condiciones sobre las cuales el parámetro estimado es insesgado, eficiente y consistente, ahora, es necesario considerar qué condiciones adicionales deberían establecerse para que el parámetro β sea adecuado para medir la causalidad entre X y Y. Tal vez el paso más importante en este camino fue dado por Simon (1957), quien sumó el supuesto de que X antecede a Y. Adicionalmente[15], se presta especial atención a que la variable exógena sea en realidad una variable que pueda causar a Y, es decir, que se encuentre bien definida tanto la variable como la relación.

---

[13] Vease Pearl (2000), Clogg y Hairotu (1997).

[14] Para considerar el problema de la causalidad, el primer momento (media) de la variables no es relevante, en tal caso, nos concentramos en la relación entre X, Y.

[15] Tal supuesto elimina de tajo la posibilidad de una causalidad bidireccional, y limita estrictamente la dirección en la que se puede realizar el proceso de control.

El aporte de Simon establece así que cualquier correlación entre dos variables sólo puede ser producto de una relación causal directa o consecuencia de variables latentes comunes. El trabajo del modelador es entonces controlar todas las variables latentes comunes, asegurándose que la correlación restante sea consecuencia de la relación causal directa, lo que asegura que el parámetro correspondiente a la variable de política sea el que mida la relación causal.

El método plantea entonces que si se logran controlar todas las variables latentes comunes, incluyéndolas en la regresión como regresores adicionales[16], la condición de ortogonalidad se mantendrá y por lo tanto, el método será adecuado para establecer la inferencia causal[17].

Siguiendo a Salehnejad (2007), la posibilidad de implementar el control estadístico a tal nivel, donde se anule por completo el efecto de variables latentes y se deje sólo el efecto relacionado con la causalidad directa, se enfrenta a una variedad de problemas prácticos.

Está claro que el término de error (ε) propuesto en la regresión (2) es no observable y la validación de los supuestos se realizan con respecto a los residuales. Es decir, con la diferencia entre los valores ajustados y los valores observados. Ahora, esta dificultad no tendría mayor relevancia si se logra controlar todas las variables latentes comunes, pero es aquí donde se presenta el primer problema práctico. El número de variables que se encuentran adecuadamente cuantificadas es reducido con respecto al que sería requerido para llevar a cabo el control de manera exigente. Como consecuencia, se tiene que el conjunto de posibles variables comunes debidamente cuantificadas es inferior al verdadero conjunto de variables comunes.

Salehnejad (2007) señala también que la necesidad de incluir variables comunes puede llevar a que se incluyan algunas que realmente no lo son, lo

---

[16] La inclusión de los determinantes comunes o variables latentes en la regresión, elimina la correlación entre la variable de control y el término error, asegurando el cumplimiento de la condición de ortogonalidad.

[17] Las condiciones establecidas aquí son igualmente validas para modelos con más de una variable dependiente y una independiente. Los modelos de regresión multivariados requieren por lo tanto que los regresores precedan a los variables dependientes, que se cumpla la condición de ortogonalidad con respecto a cada una de las variables de control y que se controle todas las variables latentes comunes.

que traería efectos de consistencia sobre el parámetro estimado de interés. Los argumentos anteriores indican así que el análisis estadístico no es el más adecuado para definir el modelo sobre el cual se estudian los fenómenos económicos a nivel agregado.

La cuestión de la causalidad y sus limitaciones prácticas es por tanto una de las críticas al método de las ecuaciones estructurales. Sin embargo, esta aproximación está concentrada especialmente con elementos propios de la construcción estadística y de la imposibilidad de cuantificación. No obstante, es necesario recordar que en adición al problema de la causalidad, anteriormente expuesto, estaba también el problema de la estabilidad.

Ésta última, hace referencia a que no importa cómo se intervenga la variable exógena ya que la estructura de la relación en la que ésta causa a la endógena no varía, es decir, el valor del parámetro que mide esta relación permanecerá invariante al igual que la relación misma. Fue precisamente en este problema en el que se concentró Lucas, al cual dedicó su artículo de 1976, *"Econometric Policy Evaluation: a critique"*, de donde se desprende la llamada *"crítica de Lucas"*.

2.2. Crítica de Lucas

Se ha señalado anteriormente que al definir la ecuación (1) como estructural, se estaría indicando que la misma es invariante y por lo tanto, analizar cambios en la variable endógena con diferentes movimientos de la variable exógena es perfectamente aceptable, ya que la magnitud de la causalidad y la forma en la que esta se lleva a cabo no es afectada por tales variaciones de la variable exógena. Tal concepción fue rebatida por Lucas (1976), sentando la base para un cambio drástico en la metodología aceptada y aplicada para el estudio de los fenómenos macroeconómicos.

Chari (1998) describe la metodología establecida en macroeconomía previo a la crítica de Lucas como sigue: *"Para mediados de los sesentas, los modelos usados en macroeconomía describían la economía agregada como un sistema de ecuaciones; una ecuación para describir el consumo, una para describir la inversión, una para describir la demanda de dinero, entre otras. Cada una de*

23

estas ecuaciones era pensada aproximadamente como proveniente de una formulación más profunda de la toma de decisiones de individuos o firmas. Ésta aproximación era atractiva porque los modelos eran matemáticamente explícitos y los parámetros de las ecuaciones podían ser estimados usando los poderosos procedimientos econométricos que habían sido desarrollados en la era de la posguerra bajo la influencia de la Cowles Commission(...)viéndose aquellos modelos como ajustados al comportamiento de la economía de los Estados Unidos y útiles para generar respuestas a preguntas de política."

El consenso alrededor de este tipo de trabajo empírico y la aceptación de los modelos macroeconométricos estructurales como herramienta para responder preguntas de política, dejaban entonces poco espacio al trabajo teórico. Aunque una preocupación que ya había sido manifestada por algunos autores en las décadas previas[18], se convirtió luego en el eje principal de trabajo en la década de los setenta principalmente por los problemas de estabilidad e invariabilidad.

Para clarificar aquello es necesario volver a los modelos estructurales. Se define una economía hipotética con la siguiente ecuación en diferencia, la cual representa el proceso de determinación de las variables endógenas:

$$Y_{t+1} = f(Y_t, X_t, \psi, \varepsilon_t) \qquad (3)$$

En este caso Y_{t+1} representa el vector de variables de interés a pronosticar. Por su parte, X_t es el vector de variables de política, ψ es el vector de parámetros estimados en las ecuaciones estructurales y ε_t es un vector de términos de error con las características de ruido blanco.

Se definen ahora las reglas de política sobre X_t las cuales se representan como:

$$X_t = h(R_t, \lambda, \omega_t) \qquad (4)$$

---

[18] Patinkin (1965), Clower (1965), y Leijonhufvud (1968) durante la década de los sesenta habían señalado la relevancia de desarrollar unos fundamentos teóricos fuertes para la macroeconomía.

En este caso X_t representa el valor del instrumento de política en el período t, R_t las variables relevantes en la determinación de tal instrumento, λ un vector de parámetros y ω_t un vector de términos de error.

En la práctica, el trabajo de análisis de política bajo el esquema propuesto consiste en definir reglas alternativas (secuencias de las variables de política $\{x_t\}$), las cuales se introducen en la ecuación (3) con el fin de determinar el comportamiento de la economía. Se introducen para ello diferentes reglas y se decide, según las trayectorias logradas, la política que se ajusta a unos objetivos definidos a priori, es decir, la política óptima.

Por su parte, las formas funcionales f de (3) se piensan como provenientes de problemas de decisión de los hogares y las firmas, y para ello se estiman los parámetros por el método de regresión con el fin disponer diferentes secuencias de las variables de control y responder preguntas de política. Está claro así, que el método considera que la forma en que se determina X_t no afecta la relación de ésta con Y_t. Es decir, el vector de parámetros ψ es invariante a cambios en la determinación de X_t, habilitando así la posibilidad de introducir secuencias alternativas de X_t y comparar resultados alternativos (Chari, 1998).

Es en este punto donde están los problemas señalados por Lucas (1976) ya que el esquema anterior presenta dos dificultades. El primer problema es que se creía que cada una de estas ecuaciones provenía de un problema de decisión pero realmente se definían *adhoc*. Además, en tales modelos existe un divorcio entre la teoría economía y el trabajo aplicado ya que las formas funcionales definidas no proceden de ningún problema de decisión explícito. En concreto, las formas funcionales son relaciones (simples) determinadas sobre los datos disponibles, y *"este rol para la teoría es decididamente secundario"* (Lucas 1976), ya que se ignora el trabajo de los microeconomistas y sus sugerencias con respecto a las formas del consumo, la inversión, la determinación de precios y salarios[19].

---

[19] Este es un llamado de atención de Lucas a los economistas que simulaban los modelos macroeconométricos keynesianos. Se hacía necesario así que la macroeconomía definiera un ancla teórica fuerte, y la microeconomía ofrecía esta rigurosidad.

La segunda dificultad está relacionada con la estabilidad del problema, siguiendo a Lucas, *"...las características que llevan al éxito en el pronóstico a corto plazo no están relacionados con la evaluación cuantitativa de política. Los modelos econométricos están bien diseñados para realizar la primera tarea, mientras las simulaciones (...) no proveen información útil con respecto a las consecuencias reales de regímenes alternativos de política"* (Lucas 1976).

La preocupación se direccionó así sobre los problemas de los modelos estructurales para ofrecer respuestas sobre cambios de régimen de política, es decir, sobre pronósticos de largo plazo. Dichos modelos realmente lo que hacían era dar por sentado la estabilidad de las ecuaciones estructurales y la invariabilidad de los parámetros, sin embargo, la metodología bajo la que son construidos no asegura tal invariabilidad; así, la intuición bajo esta segunda dificultad es sumamente poderosa y gira en torno al tema de las expectativas a la macroeconomía. Es decir, con los modelos estructurales se suponía que la economía era invariante a los cambios de régimen. (f, ψ), y que la estructura previa a la intervención de política no se veía modificada luego de que ésta se había llevado a cabo, por lo que la estructura a posteriori se creía que era igualmente (f, ψ).

Es precisamente respecto a esta invariabilidad, donde gira lo que se ha conocido como *crítica de Lucas*. Esta se fundamenta, por tanto, en que si se aceptaba que el comportamiento de los agentes es orientado por objetivos y que por lo tanto, las reglas de comportamiento de estos son el resultado de un proceso de decisión sujeto a restricciones, la introducción de cambios en los regímenes de política por parte del gobierno debe cambiar el ambiente en el cual los agentes están tomando decisiones, y éste ambiente es interiorizado por los agentes como un cambio en su conjunto de decisión, lo que a su vez varia las reglas de decisión de los agentes. Es por ello que es de esperarse que se genere una variación en la estructura de la economía, la cual es evidentemente susceptible a variaciones cuando se considera la formación de expectativas por parte de los agentes en un ambiente de decisión intertemporal.

La fuerza de la crítica de Lucas es indudablemente devastadora, inclusive en un documento de trabajo publicado recientemente por el economista de inclinación keynesiana, Peter Skott (2012), se reconoce el impacto de la misma quien define sus implicaciones como sigue: *"La crítica de Lucas demuestra que teoría confiable y trabajo empírico deben estar basados en parámetros estructurales invariantes que solo pueden venir de microfundamentos específicos."*

Con base en lo anterior, se reconocen entonces en la *crítica de Lucas* tres elementos fundamentales. En primer lugar, se establece la necesidad de orientar la macroeconomía hacia la teoría económica, aceptando que el comportamiento de los agentes es dirigido por objetivos, se realiza en ambientes de decisión intertemporal y se ve influenciado por las expectativas, las cuales se ven mejor acogidas por la llamada *"disciplina del equilibrio"*, Chari (1998) comenta al respecto: *"La teoría tiene en su base dos fundamentos. Primero, los individuos actúan deliberadamente para alcanzar fines que ellos buscan, y esta característica puede ser capturada de la mejor forma en modelos donde los agentes maximizan una función objetivo bien definida. Segundo, como los resultados dependen de las acciones de todo el mundo en la sociedad, los agentes deben formar expectativas acerca de las acciones de los otros, inclusive, expectativas sobre las expectativas de otros. Es esta característica la que se captura en la noción de equilibrio".*

En segundo lugar, se establece que las ecuaciones en forma reducida se ven afectadas por las expectativas con respecto a los miembros que componen la economía. Por tal razón, un cambio de régimen de política afecta tales ecuaciones (reglas de decisión) lo que hace que aquellas no sean estables.

El tercer elemento por su parte, hace referencia a la necesidad de microfundamentar la macroeconomía, definiéndose el comportamiento en el cual los agentes deciden de manera óptima sujetos a restricciones, estableciendo para ello la tecnología y preferencias como verdaderos parámetros estructurales, los cuales no se ven afectados por cambios de régimen de política por ser parámetros profundos.

Los tres elementos presentados anteriormente, son sin duda alguna el suministro inicial en el camino a una revolución metodológica. Aunque son variadas las opiniones con respecto a las secuelas más relevantes de la crítica, incluyendo el tema de las expectativas racionales, la disciplina del equilibrio, la microfundamentación entre otras; algunos historiadores del pensamiento económico como De Vroey, y macroeconomistas como Malgrange (1989) y Chari(1998), señalan que el verdadero legado de la *crítica de Lucas* es la agenda investigativa que estableció, redimensionando los alcances de la macroeconomía a través de una redefinición del método con el cual se aproximan los problemas económicos en términos agregados.

La agenda investigativa propuesta por Lucas, podría resumirse entonces como la definición de un modelo estructural que se derive de problemas microeconómicos explícitos, resueltos dentro de un ambiente de equilibrio general en el cual los agentes forman expectativas sobre el comportamiento de otros agentes y, en particular, sobre los regímenes de política. Tal ambiente, abrió el camino para decidir sobre reglas alternativas de política, definidas como secuencias de reglas de decisión sujetas al estado de la economía.

Además, con Lucas se redimensiona el término de equilibrio. Ya no es más un punto de descanso definido en términos estáticos, por el contrario, se establece el punto de equilibrio como un punto de descanso sobre el espacio de reglas de decisión, de ahí que los modelos estructurales fueran olvidados por no absorber las nuevas nociones.

Se puede decir entonces que el trabajo de Lucas delimitó el modelo cualitativo sobre el cual deberían llevarse a cabo las investigaciones macroeconómicas, sin embargo, tomaría algunos años para que la crítica fuera digerida por la comunidad académica y derrumbara el antiguo consenso alrededor de los modelos estructurales, siendo más tarde la base central sobre la que se construyó la nueva agenda investigativa.

CAPÍTULO 3 - LA NUEVA MACROECONOMÍA CLÁSICA Y KEYNESIANA

En la primera parte se trató de evidenciar lo importante que fue el tema del desempleo en *La teoría general* de Keynes y que aquella trató, en parte, de dar una explicación coherente a la posible existencia de un equilibrio económico con subempleo, ofreciéndose en consecuencia guías de política económica para llevar, lograr y mantener la economía en su nivel de pleno empleo.

Debido a este énfasis, acentuado luego con el modelo IS-LM, el interés de la macroeconomía hasta los años sesenta se centró en estudiar el desempleo a corto plazo y por tanto, los ciclos económicos perdieron interés práctico ya que la ejecución de políticas estabilizadores hacían del fenómeno de poco interés (Argandoña, Gámez y Mochón, 1997).

No obstante, el fenómeno de la estanflación, el drama y los sucesos de la Reserva Federal de Estados Unidos durante los años setenta y ante todo la crítica de Lucas (1976) estimularon de nuevo el análisis sobre el ciclo económico lográndose importantes avances en su explicación, así como en la verificación empírica de las proposiciones teóricas.

Inicialmente, los modelos que empezaron a aparecer intentaron asimilar una premisa que era aceptada desde antes de Keynes, y es el hecho de que el ciclo económico es incompatible con el funcionamiento normal de los mercados siempre que exista información completa y sujetos racionales que actúan de forma optimizadora haciendo que la oferta y la demanda se igualen. Es decir, la causa de los ciclos había que buscarla por el lado de las asimetrías de información.

Fue precisamente Lucas (1972) quien formuló uno de los primeros modelos dinámicos microfundamentados intentando explicar los ciclos desde perturbaciones monetarias que no son anticipadas perfectamente por los agentes. El llamado *modelo de islas* de Lucas trato de mostrar que existían efectos reales de las variaciones no esperadas de la política monetaria, pero

29

estas son transitorias mientras se corrigen las expectativas. Es decir, es la ausencia de información perfecta la que hace eficaz una política en cuanto no es esperada por agentes que toman decisiones óptimas con la información disponible, por lo que una vez se corrigen los errores en las decisiones la política monetaria pierde su influencia para afectar la economía real[20]. El problema es que mucha de la evidencia empírica, soportada en modelos tipo Vectores Autorregresivos (VAR), mostraron en su época que la política monetaria si tiene efectos persistentes en el tiempo y desaparecen lentamente (Woodford, 2003:7).

En los modelos de Lucas (1972, 1973) era necesario además que la autoridad monetaria tuviera información superior a los agentes ya que en caso contrario se perdía toda posibilidad de afectar las variables reales mediante impulsos monetarios, y el intento de afectar aquellas sólo llevaba a mayor volatilidad en los precios. Luego aparecieron nuevos aportes, como el Sargent y Wallace (1975) quienes ampliaron las conclusiones argumentando que el uso de la política monetaria para lograr cualquier estabilización de la actividad económica era ineficiente, lo que de nuevo no se correspondía con la evidencia encontrada en los modelos VAR.

Por esta época, surge también el trabajo de Barro (1974) mostrando cómo el supuesto de expectativas racionales en los hogares llevaba a que se cumpliera la llamada doctrina de las equivalencias ricardianas, con las repercusiones que ésta tenía sobre la posible neutralidad ya no sólo de la política monetaria sino también de la política fiscal[21].

Debido a que la mayoría de las conclusiones dependían de los supuestos de información y la formación de las expectativas, las críticas que se dirigieron contra estos modelos de los años setenta y otros de su estilo, fueron amplias y fuertes. A su vez, esto abrió la posibilidad de que se empezara a investigar las

---

[20] En el modelo de Lucas los agentes deben identificar el precio no sólo del bien que producen sino también los precios agregados ya que la variable a tomar en cuenta para decidir cuánto producir son los precios relativos. Por tanto, cuando hay una perturbación monetaria, si los agentes no conocen qué precio cambió, sea el precio del bien que producen o los precios agregados, hay cambios en la producción.
[21] La idea la equivalencia ricardiana recoge dos elementos fundamentales, la hipótesis del ingreso permanente y la restricción presupuestaria del gobierno. Bajo ciertas condiciones, la forma en cómo el gobierno financie el déficit no tiene efectos reales sobre el consumo privado, aunque el gasto público como tal si lo tenga.

causas del ciclo económico desde perturbaciones no monetarias y es en este contexto donde apareció la llamada teoría del ciclo real, encabezada por Kydland y Prescott (1982), Nelson y Plosser (1982) junto a Long y Plosser (1983), la cual vendría a dinamizar el debate teórico y metodológico que se había iniciado con la crítica de Lucas.

Es importante anotar que la llamada teoría del ciclo real se ha convertido hoy en un programa de investigación que es parte central de la nueva síntesis neoclásica en macroeconomía por varias razones. Una es que construye modelos en los cuales las políticas alternativas pueden ser comparadas sobre la base de beneficios y costos de la economía del bienestar, más bien que sobre la base de juicios *adhoc*. La otra razón es que permite el análisis de política y otros shocks en contextos dinámicos estocásticos con sistemas totalmente especificados, con lo cual se interioriza el razonamiento de las expectativas racionales y la crítica de Lucas. Es decir, la teoría del ciclo real le dio forma cuantitativa a la crítica de Lucas y puso a disposición de los investigadores una metodología consistente con el fin de afrontar la agenda investigativa recién renovada.

Dado el impacto que ha tenido en la macroeconomía la teoría del ciclo real, se presentan a continuación algunos elementos importantes de esta. Es importante aclarar primero que aunque inicialmente la teoría del ciclo real intentó mostrarse como una nueva construcción estrictamente teórica en los años ochenta, lo cierto es que en los años noventa se caracterizó como una metodología, siendo éste el papel que tiene hoy y que se intentará presentar en este texto.

3.1. La teoría del ciclo real: la metodología

La aproximación de la teoría del ciclo real a los fenómenos económicos, se podría dimensionar como el intento de presentar de una manera rigurosa el tipo de fluctuaciones económicas que son posibles dentro de un sistema perfectamente competitivo, sin necesidad de pensar en los desequilibrios de este sistema como posibles causas de las fluctuaciones económicas[22].

---

[22] Plosser (1989) señala que, como consecuencia de la adopción de métodos estadísticos, la idea de tendencia y ciclo se insertaron de manera profunda en la economía, de ahí la idea de los ciclos como

Es importante indicar que la hipótesis de trabajo inicial de la llamada teoría del ciclo real partió de una pregunta específica, la cual se podría definir de la siguiente manera: *¿cómo responden individuos racionales maximizadores en el tiempo a cambios en el ambiente económico y qué implicaciones tienen estas respuestas a los productos de equilibrio de las variables agregadas?"* Plosser(1989).

Para responder a la pregunta planteada, Kydland y Prescott (1982), aceptaron el reto propuesto por Lucas (1976, 1981) y se dieron a la tarea de construir un modelo que incluyera las recomendaciones cualitativas propuestas por Lucas. Este proceso de construcción es sin duda un trabajo de gran envergadura, el cual requiere conocimiento teórico, adopción de nuevas herramientas matemáticas y estadísticas y manejo de datos que en su momento no estaban disponibles.

Kydland y Prescott (1996) presentan el proceso metodológico de los modelos del ciclo real, y aclaran como a partir de una pregunta precisa es posible hacer uso de las herramientas matemáticas y estadísticas para acercarse a una respuesta cuantitativa de la misma. Este proceso consta de cinco pasos y se describe a continuación.

El *primer paso* consiste en plantear una pregunta. La de Kydland y Prescott (1982) ya reseñada anteriormente por Plosser(1989) estaba bastante clara y pretendía observar las consecuencias de cambios en el ambiente económico, cuando los agentes eran optimizadores intertemporales[23], igualmente buscaban observar los impactos en el bienestar de políticas fiscales alternativas, reformas impositivas y reglas de política monetaria, entre otras, que han sido consideradas por autores posteriores. Adicionalmente, la pregunta se puede relacionar con los efectos de incluir características particulares de los agentes o

---

desviaciones de una tendencia suave de largo plazo, perturbaciones cuyos determinantes son diferentes al crecimiento y se deben estabilizar.

[23] Nos referimos a agentes económicos que tienen una función de utilidad bien definida, la cual maximizan de manera intertemporal sujetos a restricciones de recursos, y que adicionalmente forman expectativas acerca del comportamiento de otros agentes.

de la estructura económica, y si tales adiciones permiten recrear de mejor manera el comportamiento de las series económicas de interés[24].

La pregunta planteada por Kydland y Prescott (1982) y su primer paso en el proceso de construcción del modelo era ya revolucionaria debido a que la macroeconomía keynesiana había considerado el ciclo económico como el producto de fallas sistemáticas de mercado, las cuales producían que la economía se alejara de sus resultados potenciales y se produjera por tanto, el desempleo involuntario y subutilización de recursos. La concepción de desequilibrio y falla sistemática era inherente a la macroeconomía keynesiana, pero no tenia aceptación alguna entre los nuevos macroeconomistas clásicos, es decir, ¿por qué preguntarse por los ciclos producidos bajo la existencia de fallas sistemáticas y desequilibrio sin antes indagarse por la posible existencia de ciclos en economías sin tal tipo de distorsiones?

Así, Kydland y Prescott (1982) se indagaron por la posibilidad de ciclos económicos dentro de la teoría del equilibrio general[25], abandonando la idea tradicional de ciclo como desajuste y distanciamiento de tendencia potencial.

El *segundo paso* en el proceso de la metodología del ciclo real se refiere a elegir una teoría fuerte y adecuada. Tal elección debe ser pensada en relación directa con la pregunta que se ha planteado, explorando *a priori* si el uso de tal teoría puede dar respuestas adecuadas y si adicionalmente ha ofrecido buenos resultados en estudios previos. Es importante aclarar que todas las teorías tienen límites y debilidades en algunos aspectos, y en este sentido, Kydland y Prescott (1996) llaman la atención de manera insistente sobre lo adecuado de la teoría para la pregunta que ha sido planteada.

En el caso del ciclo real, la teoría del crecimiento neoclásica ha sido el punto de partida y se ha consolidado a través de casi tres décadas como la punta de

---

[24] Trabajos como el Sargent (1981) ya se habían adentrado en la interpretación de las series de tiempo económicas como el producto de procesos de maximización intertemporal de los agentes sujetos a restricciones de recursos organizados en mercados bien definidos.
[25] *"El objetivo de cualquier teoría del ciclo de los negocios es generar una explicación coherente de porqué estas características aparecen (persistencia, correlación serial, co-movimineto entre agregados económicos, etc). Así que, un modelo de fluctuaciones debe ser dinámico a su nivel más básico y no una colección de reglas de comportamiento anecdóticas atadas unas a las otras a un marco estático"* Plosser(1989).

lanza en el estudio del ciclo económico[26]. La fortaleza que ha tenido la teoría del ciclo real se centra así en la posibilidad de estudiar problemas en ambientes dinámicos, con un apego estricto a la teoría neoclásica y el paradigma del equilibrio general.

En términos empíricos, la conveniencia del modelo se relaciona con la estabilidad de algunas proporciones en el largo plazo, como por ejemplo la participación de las rentas del capital y el trabajo en el producto, o el capital por trabajador, las cuales se han ajustado bastante bien, sobre todo a los datos de la economía norteamericana durante la posguerra.

Plosser (1989) da a la teoría neoclásica un papel determinante en el proceso de construcción del modelo del ciclo real, indicando como la introducción de cambios en el ambiente económico[27] en el cual los agentes toman decisiones, en particular decisiones intratemporales entre trabajo y ocio e intertemporales entre consumo y ahorro, puede generar resultados muy similares a los que caracterizan el ciclo económico.

Se establece así, con la teoría del ciclo real, la conveniencia de la teoría neoclásica del crecimiento para estudiar las fluctuaciones económicas, la cual había sido ignorada por algunas décadas por una división entre las herramientas y métodos adecuados para el estudio de las cuestiones macroeconómicas de corto y largo plazo[28]. La explicación de ello se origina precisamente en que el modelo del ciclo real identifica los mismos determinantes para el crecimiento y el ciclo, lo que hace inconveniente pensar en métodos y modelos con principios diferentes para la consideración de ambos fenómenos, desapareciendo la vieja disputa entre la macroeconomía del

---

[26] "Actualmente, la economía dispone de un esquema ampliamente aceptado que introduce los elementos necesarios para disponer de un modelo a escala de la realidad y, por tanto, de un laboratorio en el cual realizar experimentos en economía. Se trata del modelo neoclásico de equilibrio general dinámico, inicialmente desarrollado por Ramsey en el año 1928 y que tiene una amplia aceptación en el momento actual para analizar el comportamiento de la economía ante diferentes perturbaciones" Torres (2009).
[27] El modelo original considera la existencia de choques tecnológicos o de preferencias, los cuales alteran el ambiente en el cual los agentes optimizadores deben tomar decisiones tanto intratemporales como intertemporales.
[28] "Mientras el progreso tecnológico ha sido reconocido como un factor determinante del crecimiento económico.(…) se presume que los factores que influencian el crecimiento tienen solo implicaciones de segundo orden para las fluctuaciones económicas.(…) sin embargo, no hay un razonamiento económico exhaustivo soportando esta visión" Plosser (1989).

crecimiento económico (largo plazo) y la macroeconomía de corto plazo que dividió la teoría económica durante gran parte del siglo pasado.

Luego de que la pregunta ha sido escogida y la teoría con la cual se pretenderá aproximar la misma ha sido seleccionada, se procede con el *tercer paso*, el cual consiste en la construcción de una economía artificial, un modelo que hará el papel del laboratorio, donde se buscará una explicación cuantitativa a la pregunta que se planteó en el primer paso.

Así como las teorías tienen sus límites y debilidades, la construcción de un modelo es también una tarea que requiere de un alto grado de sofisticación, el cual debe acompañarse de un manejo preciso y adecuado de las herramientas matemáticas y estadísticas que sean necesarias[29]. Sin embargo, tal grado de sofisticación no debe perder de vista que la complejidad del modelo construido y no debe ir mas allá de lo necesario para dar respuesta a la pregunta que se ha planteado. Es decir, a la hora de evaluar los modelos no se debe tener en cuenta su grado de realismo sino su robustez (Wickens, 2008).

En este proceso de construcción se entremezclan dos objetivos, en primer lugar la cantidad de detalle y particularidades introducidas dentro del modelo, y en segundo lugar la practicidad y facilidad con la que se pueda calcular el equilibrio[30]. Para ilustrar el proceso metodológico presentado hasta el momento, se presenta como lo siguieron quienes lo propusieron.

En el caso de Kydland y Prescott (1982), el primer paso en la construcción del modelo consistió en la descripción del ambiente económico, definiendo las dotaciones iniciales de los agentes, las preferencias de los mismos y la tecnología de producción. Las preferencias caracterizaban una economía poblada por agentes idénticos con vida infinita y una función de utilidad separable en el tiempo, cóncava y doblemente diferenciable, la cual contenía dos argumentos, consumo y trabajo, donde la introducción del trabajo es

---

[29] En general, los académicos que participaron en la transformación y consolidación de las nuevas metodologías en macroeconomía, han acordado que aunque fueron diferentes los factores determinantes en este proceso, la adopción de nuevas herramientas, en especial las de programación dinámica y análisis de series de tiempo, fueron las que dieron impulso definitivo a tal proceso.
[30] En el caso de la computación del equilibrio, los avances en ciencia computacional y la capacidad de los ordenadores para resolver problemas complejos, le han dado una mano a los economistas, permitiendo la introducción de mas detalles y sofisticación a los modelos considerados.

fundamental en la consideración de problemas relacionados con las fluctuaciones de corto plazo.

La tecnología por su parte, está caracterizada por una función de producción con rendimientos constantes a escala en la producción de un único bien, se consideran dos factores productivos trabajo y capital y adicionalmente se incluye una variable tecnológica sobre la cual se hacen choques estocásticos con el fin de observar el comportamiento de los agentes optimizadores cuando cambia el ambiente económico sobre el cual toman decisiones.

Con respecto a la regla de movimiento de el capital, éste se acumula con la decisión que tomen los agentes con respecto al único bien producido (invertirlo o consumirlo), si este es invertido entra a hacer parte del stock de capital de la economía[31]. Los agentes se enfrentan así restricciones de recursos y la suma de lo que se ha invertido y consumido es igual o menor que el producto total de la economía, además la cantidad de trabajo total de la economía se normaliza a uno, es decir: la suma del ocio y el trabajo es menor o igual que uno.

Finalmente, y para la computación del equilibrio, siguiendo a Kydland y Prescott (1982) tenemos que "*Para determinar el proceso de equilibrio de este modelo, explotamos el bien sabido resultado que, en ausencia de externalidades, el equilibrio competitivo es Pareto óptimo. Con agentes homogéneos, el óptimo de Pareto relevante es el cual en el que el agente representativo maximiza el bienestar sujeto a las restricciones tecnológicas de recursos y de información.*"

La solución del modelo requiere la utilización de métodos de aproximación alrededor del estado estacionario, y tales métodos se necesitan debido a que la solución del problema arroja ecuaciones en diferencia no lineales. En este punto, lo más común es buscar la solución en el vecindario del estado estacionario mediante aproximaciones de Taylor [32].

---

[31] En el documento de 1982, Kydland y Prescott introducen la idea de "time to build", es decir, las nuevas inversiones no se constituyen en capital productivo inmediatamente y por el contrario, toman algún tiempo en hacer parte de éste capital. Sin embargo, trabajos posteriores como Rowenhorst (1991) analizan el papel que tiene el "time to build" en la propagación de los choques tecnológicos descartándolo como un factor importante, lo que ha tenido como consecuencia cierto distanciamiento de esta característica de los modelos base utilizados en los estudios modernos.

[32] El trabajo de Kydland y Prescott (1982) hace un uso exhaustivo de herramientas matemáticas y estadísticas, que se evidencian desde la construcción del modelo con un apego a la teoría del equilibrio general en un ambiente dinámico, hasta la computación del equilibrio y solución del mismo.

Una vez contextualizados los tres primeros pasos metodológicos, se presentan los siguientes. En la concepción del ambiente económico, se definieron unos "parámetros profundos"[33] que caracterizaban las preferencias y la tecnología de la economía. Precisamente el *cuarto* paso en éste proceso de construcción, consiste en definir unos valores para tales parámetros, y es en este punto donde se introduce otra de las grandes transformaciones metodológicas contenidas en el modelo de ciclo real; la calibración.

Cooley (1997) define la calibración como *"(...) la estrategia para encontrar valores numéricos a los parámetros de economía artificiales"*, aclarando así que la calibración no es una estimación, y se separa en cierto sentido de los métodos econométricos basados en la estadística frecuentista desarrollados por la Cowels Comission durante gran parte del siglo XX.

La calibración no toma los datos como dados, sino que por el contrario explota una relación bidireccional entre teoría e información recolectada, restringiendose por medio de la teoría y mapeando a los datos obtenidos (Cooley, 1997). Por lo tanto, los datos medidos dan contenido a la teoría, mientras esta última nos vislumbra cómo medir y qué medir. Es esta relación bidireccional de enriquecimiento mutuo la que marca la principal diferencia entre los métodos econométricos basados en la estadística frecuentista y la calibración.

Este método no fue ni ha sido ajeno a críticas, siendo señalado de un exceso de empirismo (véase Hoover, 1995), y un distanciamiento total de las herramientas desarrolladas para identificar los procesos generadores de datos como la econometría tradicional los concibe. Sin embargo, este distanciamiento es claramente intencional debido a que en la calibración los parámetros elegidos no son aquellos que ofrecen el mejor ajuste en algún sentido estadístico, buscándose más bien que el modelo replique el mundo de la manera más cercana posible en *ciertas dimensiones* (Kydland y Prescott; 1996).

La relación bidireccional entre teoría y datos, y la validación del método de la calibración es respaldado además, según Cooley (1995), sobre el *teorema*

---

[33] En general, se consideraba que estos parámetros profundos eran de carácter estructural ya que representaban las preferencias y la disposición tecnológica de la economía, los cuales no se ven afectados por los cambios del régimen de política económica.

Sonneschein-Mantel-Debreu-Mas Colell, el cual define que para cualquier conjunto de precios y asignaciones, existirán unas preferencias y una tecnología, es decir, una economía con algún conjunto de consumidores para quienes estos precios y cantidades corresponderán a los precios y cantidades de equilibrio.

Se estable así un puente entre teoría y datos, y el proceso de calibración se presenta como el método para definir aquellos "parámetros profundos" de manera tal, que el modelo logre ajustarse al comportamiento de algunas características bien definidas del mundo real.

Es relevante indicar que el método de la calibración, tiene como requisito el apego a una práctica, las cual se podría resumir como evitar tomar parámetros de otros estudios sin antes indagarse por la conveniencia de los mismos. Esto debido a que los modelos basados en la metodología del ciclo real son altamente sensibles a los conjuntos paramétricos seleccionados, así pues, tomar parámetros de otros estudios con fines y preguntas que distan de la que se pretende responder, atenta contra la calidad y rigurosidad del mismo.

No se debe olvidar como se señala en el segundo paso de construcción, que cada teoría ofrece un marco diferente y la conveniencia del mismo depende de la pregunta que ha sido planteada. Es necesario así que a la hora de comparar algunas dimensiones del modelo con la realidad, se trate de que ambas sean comparables. Gran parte del trabajo de Kydland y Prescott (1982) consistió precisamente en agregar los datos para que estuvieran de tal manera que representaran las cantidades incluidas en el modelo.

Ignorar las buenas prácticas anteriormente mencionadas, limitan lo adecuado de la respuesta que ofrece el modelo, y pueden llevar a la consideración de conjuntos paramétricos implausibles, lo cual atenta con la vocación bidireccional entre teoría y datos sobre la que se asienta el método de la calibración.

Para finalizar con el cuarto paso en el proceso de construcción del modelo del ciclo real, el de la calibración, es importante anotar que aunque los métodos tradicionales y el utilizado por Kydland y Prescott (1982) se soportan sobre bases diferentes, algunos los ven como complementarios, por ejemplo, Cooley (1995), se contrapone a Heckman y Hansen (1996) entre otros, argumentando que herramientas como el panel de datos han sido sumamente útiles en la definición de parámetros relacionados con las preferencias. Por otra parte, Dejong y Dave (2007) señalan que parte de la información utilizada para definir los pesos relativos de consumo y ocio en la función de utilidad instantánea del modelo del ciclo real, fue extraída del estudio sobre asignación de tiempo de Ghez y Becker(1975) utilizando un panel de datos con información individual.

Así, el método de la calibración es sin duda otro de los grandes aportes metodológicos introducidos en el modelo del ciclo real, permitiendo el uso no sólo de herramientas matemáticas y estadísticas, sino también el uso de la ciencia computacional para buscar respuesta a preguntas cada vez más complejas, e introducir dimensiones más específicas del mundo.

El *quinto paso*, consiste en llevar a cabo el experimento resolviendo el modelo ya sea analíticamente o a través de simulación, con el fin de determinar cuál es la respuesta y el comportamiento de las variables de interés y responder la pregunta que fue planteada desde el inicio.

Debido a la estructura del modelo mismo, el hecho de estar microfundamentado y superar la crítica de Lucas (1976) por su construcción explícita dentro del paradigma del equilibrio general, aquel permite orientar de manera cuantitativa el análisis de políticas y/o características particulares de las series económicas de interés. Se ofrece así como un laboratorio en el cual se puede probar a reducido costo la incidencia de diferentes fenómenos económicos.

Finalmente, es importante anotar que dentro de la teoría del ciclo real y su indiscutible conexión y continuidad con los trabajos que definieron el modelo cualitativo propuesto por Lucas (1976, 1981), Kydland y Prescott (1982) se distanciaron de los trabajos de este último en tres aspectos fundamentales señalados por De Vroey (2009).

El primero y tal vez más importante es el abandono de la idea del ciclo llevado por el dinero. Lucas (1972, 1973), había establecido la posibilidad de la no neutralidad del dinero en economías con problemas de información pero el modelo del ciclo real abandona tal premisa, decidiendo identificar la posibilidad de ciclos como consecuencia de cambios en el ambiente económico, especialmente cambios de tipo tecnológico. El dinero no existe en el modelo del ciclo real, así que las fluctuaciones económicas proceden de cambios en la estructura real de la economía.

En segundo lugar, De Vroey (2009) considera que la decisión de sumergirse en el trabajo aplicado evidencia también en Kydland y Prescott un distanciamiento de Lucas. Las ideas propuestas por este último, eran de un gran carácter normativo y se quedaban en plantear el bosquejo de lo que debería ser el trabajo en macroeconomía, sin embargo, fueron Kydland y Prescott los que asumieron alejarse un poco del tema normativo y decidieron construir un modelo que se ajustara a las recomendaciones pero que a su vez diera a los macroeconomistas una herramienta para realizar trabajo aplicado y desarrollos teóricos.

Por último, el trabajo de Kydland y Prescott (1982) significó la concepción de un método que es hoy ampliamente aceptado y que desde la década de los ochentas y posteriores ha brindado a los macroeconomistas una herramienta para afrontar la agenda investigativa que se había planteado desde Lucas (1976), pero para la cual no existía un método comúnmente aceptado y para la que los modelos cualitativos se quedaban cortos. La consolidación del método abrió entonces la puerta a que la comunidad académica se lanzara en búsqueda de respuestas de carácter cuantitativo y con un apego determinado a la teoría.

3.2. Las proposiciones y fallas teóricas del modelo del ciclo real

Como se argumentó anteriormente, los modelos iniciales del ciclo real tenían importantes elementos metodológicos ausentes en los modelos estructurales. Uno era el enfoque de la optimización intertemporal para el consumo y la oferta de trabajo de los agentes. El otro era un análisis similar para la conducta de inversión y la demanda de trabajo, abordando aquella desde las decisiones de maximización de beneficio de las firmas. Por último, estos modelos se completaban combinando los planes de los hogares y de las firmas en un modelo de equilibrio general, en los cuales precios y cantidades son simultáneamente determinados.

Los modelos del ciclo real integraban y clarificaban así la sustitución intertemporal de consumo, trabajo e inversión y empezaron a dilucidar cómo algunas variables claves de política económica como la tasa de interés o los impuestos afectaban la economía. Además, proveían señales sobre ciertos fenómenos de naturaleza cíclica como los cambios tecnológicos y de preferencias, siendo ambos no neutrales.

Éste tipo de modelos resolvían así una cuestión clave y es la incorporación de las expectativas racionales para estimular y simular los modelos macroeconómicos de manera adecuada en la evaluación de cada política económica, lo cual según Lucas (1976) era críticamente importante ya que la modelación de la política debía reflejar unas expectativas racionales que mostraran el modo en que se imagina puede ser conducida la política

No obstante, los modelos iniciales del ciclo real enfrentaban problemas sobre la forma en que se miden los shocks de productividad, y la correlación negativa de los ciclos con la oferta de trabajo. También tenían problemas con el papel del dinero en la economía. Uno de estos, era que las consecuencias pronosticadas de las variaciones cíclicas en las expectativas de inflación eran cuantitativamente pequeñas en los modelos con precios flexibles, ya fuera que la demanda de dinero se modelara vía cash in advance o con transacciones tecnológicas explicitas. Es decir, en lo que a los ciclos económicos se refiere, los modelos iniciales del ciclo real con un mecanismo monetario explícito funcionaban muy parecido a un modelo del ciclo real donde la demanda de dinero se introducía después del análisis de equilibrio general. Así, la política monetaria en estos modelos era súper neutral y por tanto, se llegaba a la conclusión de que no había lugar para la política monetaria estabilizadora ya que las variables reales eran modeladas con una evolución independiente de las variables nominales, lo que suponía implícitamente que la política monetaria no era relevante en lo que a las fluctuaciones económicas se refiere (Woodford, 2003:7).

A pesar de estos problemas, los primeros modelos del ciclo real ofrecieron en su momento muchas perspectivas sobre la naturaleza de las fluctuaciones de la actividad económica. Un logro importante de aquellos fue mostrar como el nivel de producto de equilibrio puede ser fácilmente afectado por variadas distorsiones reales como cambios en los impuestos, lo que explica porqué los modelos del ciclo real han permitido estudiar la política fiscal y las distorsiones fiscales ya que los cambios en los impuestos tienen poderosos efectos en la economía real que afectan la sustitución intertemporal de trabajo, consumo e inversión de los agentes, siendo ideal la propuesta metodológica de los modelos del ciclo real para analizar aquellos efectos (Goodfriend y King, 1997).

Es necesario anotar también que la evolución de las variables reales bajo completa flexibilidad de precios y salarios propuesta por los primeros modelos del ciclo real se convirtió luego en un importante punto de referencia para hacer comparaciones entre los modelos con rigidices y los modelos con total flexibilidad. Fue precisamente sobre este punto que la metodología propuesta del ciclo real encontró interés entre los economistas afines a la rigurosidad metodológica, y a favor de cierta no neutralidad de la política monetaria cuando existen rigideces debido a que aquellas dan lugar a la brecha del producto y la posibilidad de intervención.

La búsqueda de modelos con las características de los modelos del ciclo real junto con la modelación de fijación de precios y salarios por parte de agentes optimizadores, se dio entre los años ochentas y noventas por parte de los llamados nuevos keynesianos quienes trataron de conciliar la evidencia empírica que soportaba la no neutralidad de la política monetaria utilizando modelos intertemporales microfundamentados.

El hecho de que parte de los economistas afines a las proposiciones keynesianas aceptaran utilizar la metodología de los modelos del ciclo real para extraer conclusiones cualitativas y cuantitativas de las fluctuaciones económicas, ha sido precisamente lo que ha posibilitado la convergencia en la macroeconomía.

La pieza clave de la convergencia macroeconómica es que los modelos del ciclo real con rigideces captan los elementos de la optimización dinámica, incorporan el papel de las expectativas en las conductas de los agentes y microfundamentan las rigideces nominales en modelos de equilibrio general, dando entonces como resultado que a corto plazo las fluctuaciones se expliquen por elementos keynesianos y a largo plazo operen los elementos de la economía neoclásica. Es decir, los modelos del ciclo real con rigideces tienen el potencial de incluir las dos corrientes macroeconómicas que antes disputaban sobre el ciclo económico.

La economía nuevo keynesiana es parte de la nueva síntesis neoclásica en la economía, por lo que se presentaran los elementos que a grosso modo la caracterizan. En la última parte, se presentan finalmente los principales elementos que componen la nueva síntesis neoclásica.

3.3. La economía nuevo keynesiana

La controversia monetarista y las cuestiones fundamentales de la crítica de Lucas hicieron que muchas proposiciones de la teoría keynesiana perdieran relevancia por estar basadas en modelos estáticos y sin clara microfundamentación. No obstante, ciertos teóricos aceptaron el desafío teórico que implicaba la estanflación, la crítica de Lucas y la construcción de modelos microfundamentados formulando modelos que renovaron el interés por los modelos keynesianos.

Aparecen así, en este contexto, los modelos con contratos implícitos, modelos con fijación de salarios, modelos de búsqueda y coordinación, modelos de competencia imperfecta, costos de menú y salarios de eficiencia. Es precisamente esta corriente de modelos lo que se ha venido denominar economía nuevo keynesiana (Goodfriend y King, 1997; Woodford, 2009).

Esta corriente busca, al igual que en la nueva macroeconomía clásica, darle fundamentos microeconómicos a las relaciones macroeconómicas pero sobre la base de la competencia no perfecta y las rigideces nominales de variables claves, como los precios o el nivel de salarios, lo que posibilita ante todo que exista campo para la política económica. Además, la naturaleza del ajuste nominal incompleto también tiene implicaciones respecto a cuestiones tales como los costos (en términos de producción) de los distintos procedimientos para combatir la inflación, la relación producción-inflación en contextos diferentes y los efectos de las políticas de estabilización sobre la producción media (Romer, 2006).

La primera generación de modelos nuevokeynesianos inicia en Taylor (1980) quien modeló el nivel de precios como un promedio simple de los salarios, y más específicamente como un promedio de mark-up sobre los costos marginales, lo que daba sustento teórico y empírico a las rigideces en precios.

43

Luego, aparece el trabajo de Gordon (1982) quien muestra evidencia a favor sobre el ajuste gradual en el nivel de precios a cambios en el gasto nominal, además de que los cambios en el producto no se traducen en igual proporción en cambios en los precios.

Estos trabajos y otros, trajeron varias consecuencias. Entre ellas, la importante evidencia de que el producto responde a shocks de salarios y que existía la posibilidad de eliminar la variabilidad del sector real mediante acomodos en los movimientos del nivel de precios, aunque con grandes variaciones en estos últimos. Además, empezaron a proveer los microfundamentos para la rigideces en salarios, supuesto clave en las proposiciones de política económica extraídas de Keynes.

La segunda generación de modelos nuevos keynesianos cambió el énfasis de las rigideces de salarios hacia las rigideces en precios y se empezaron inicialmente a sentar las bases para manejar la competencia imperfecta y derivar modelos con costos de menú para explicar aquellas rigideces. En estos modelos de segunda generación, la fijación de precios de las firmas se empezó a modelar mediante competencia monopolística, explicándose aquello por el hecho de que la competencia imperfecta permitía explicar los efectos reales del dinero en la economía a través de costos de ajustes en la fijación de precios, lo que daba como resultado la no neutralidad de la política monetaria compartida por los keynesianos (Goodfriend y King, 1997).

Por otro lado, cuando se empezaron a relajar algunos supuestos del marco competitivo en modelos dinámicos microfundamentados empezaron a aparecer nuevas proposiciones. Se encontró evidencia de que si los precios eran fijos durante algún período y el nivel de estos excedía los costos marginales, entonces las firmas tenían incentivos para expandir la producción hasta que los márgenes de ganancia no declinaran. Esto también traía como resultado que para satisfacer la demanda creciente, las firmas aumentan los salarios de tal forma que nuevos trabajadores intervengan en la producción adicional y el resultado es que los costos marginales y los salarios reales son procíclicos. Por tanto, el ciclo económico se debía a conductas optimas tomadas por los agentes dada la información disponible y se compartía así la metodología de los modelos del ciclo real.

Aquello modelos nuevo keynesianos iniciales, tienen una característica y es que las firmas eligen ajustar los precios en respuesta al estado de la economía, es decir; son *estado dependientes*. El problema es que, dada esta característica, estos modelos presentan dificultades en la agregación, y a nivel agregado se deben hacer varias simplificaciones como restricciones extremas en las reglas seguidas por el banco central.

Es por esta razón que los nuevos keynesianos han hecho mayor énfasis en los modelos *tiempo dependiente* en donde las reglas de ajustes en los precios se hace especificando firmas que tienen oportunidades exógenas para ajustar los precios. Esta es precisamente la innovación que introduce Calvo (1983) quien propone una importante forma de agregar los precios de la economía que evoluciona como una combinación convexa de los precios que fijan las firmas que tienen posibilidad para hacerlo junto con los precios de las firmas que no alteran sus precios en el período.

Fue precisamente éste el camino que tomó luego en los años noventa la economía nuevo keynesiana, en parte por que la rigideces a la Calvo daban como resultado que la llamada Curva de Phillips surgiera como un producto de la optimización de los agentes en una economía con precios no flexibles. Es decir, estos modelos abrían la posibilidad de trade-off entre producto e inflación a corto plazo mediante una explicación que surgía de conductas optimizadoras intertemporales de equilibrio general. Con ello resurgía entonces el interés por las proposiciones keynesianas en los modelos del tipo del ciclo real.

Estos modelos nuevo keynesianos dieron así una evidencia importante y fue que, si los precios y/o los salarios no son continuamente ajustados, el producto que logra la economía no es su producto potencial y hay espacio para los ciclos económicos y la no neutralidad de la política monetaria. Hoy la nueva macroeconomía gira precisamente sobre los modelos de rigideces nominales incorporados en la metodología de los modelos del ciclo real.

CAPÍTULO 4 - ELEMENTOS PRINCIPALES DE LA NUEVA SÍNTESIS NEOCLÁSICA

A mitad de los años noventa del siglo pasado, empieza a declinar la modelación alrededor de los modelos clásicos del ciclo real y emerge un nuevo tipo de modelos llamados modelos de equilibrio general dinámicos estocásticos (DSGE). Esta nueva denominación para estos modelos construidos sobre la base de la teoría del ciclo real se debe en gran parte a la contribución teórica de los nuevos keynesianos, contribución que gira alrededor de la competencia imperfecta y las rigideces nominales, así como el papel del banco central junto con el papel del gobierno y sus restricciones presupuestarias.

La Nueva Síntesis Neoclásica gira precisamente en torno a los modelos DSGE y está definida sobre dos elementos centrales. Una pieza central es la nueva macroeconomía clásica y el análisis del ciclo real, ya que los modelos DSGE incorporan las ecuaciones que se derivan de la optimización intertemporal y de las expectativas racionales en marcos dinámicos. La otra pieza de la nueva síntesis comprende la economía nuevo keynesiana, ya que incorpora la competencia imperfecta y costos en el ajuste de precios fundamentados mediante solidas bases microeconómicas, lo que a su vez abre paso a que la política económica (sobre todo la política monetaria) ejecutada por el banco central adquiera interés y sea modelada[34].

Se tiene así que el enfoque de la nueva síntesis neoclásica combina el rigor teórico de la teoría del ciclo real con los ingredientes keynesianos, como las rigideces nominales y la competencia monopolística, lo que ha permitido que este enfoque llegue a ser la base de la nueva generación de modelos puestos en práctica en los bancos centrales ya que la estructura de éstos puede llegar a proveer una herramienta flexible capaz de acomodarse a un gran número de características olvidadas en el modelo base como el desempleo, la información imperfecta y las fricciones en los mercados financieros (Galí, 2000).

---

[34] En la modelación de la competencia imperfecta juega un papel clave la competencia monopolística de Dixit-Stiglitz (1977). Por el lado de la lentitud en los ajustes de las variables nominales, junto con los costos de menú y la fijación de contratos hay una gran influencia de Calvo (1983).

El interés por incorporar en los modelos del ciclo real una regla clara sobre el papel del banco central tuvo su gran empujón en el trabajo de Taylor (1993) quien aportó una regla de política monetaria soportada en la forma en que la Reserva Federal había intervenido la economía desde los años setenta, luego de que ésta decidiera emprender políticas antiinflacionarias abiertamente ante el público bajo el mandato de Paul Volcker.

Esta regla, llamada regla de Taylor, define cierta respuesta de la tasa de interés del banco central a la brecha del producto y la brecha de inflación, y aunque inicialmente fue formulada de manera adhoc, poco tiempo después fue derivada por Clarida, Galí y Gertler (1999) mediante un modelo que supone un banco central intentando minimizar la brecha de producto e inflación sujeto a un trade-off entre inflación y producto (curva AS) y cierta relación entre el producto y la tasa de interés (nueva curva IS). El resultado de dicho modelo es una regla de política monetaria sobre las tasas de interés similar a la de Taylor y es la base del llamado *modelo de inflación objetivo*[35], modelo adoptado por la mayoría de los bancos centrales en el mundo.

Con base en el modelo de inflación objetivo, la nueva síntesis neoclásica ofrece consejos de política monetaria y se acepta implícitamente que los precios no flexibles implican que la demanda agregada es clave en la determinación del producto de la economía en el corto plazo, aunque los determinantes que la teoría del ciclo real propone como guía de la actividad económica en el tiempo se comparten y respetan (Goodfriend y King, 1997). Se sugiere así que la política monetaria ejerce un gran poder de influencia en la actividad económica real por las rigideces nominales y lo más importante es que ahora se comparte parcialmente que las fluctuaciones económicas no puede ser entendibles independientemente de la política monetaria, aunque aún hay cierta disputa sobre la persistencia de los efectos de aquella política (McGrattan, 1997:286).

Es importante anotar que en la nueva síntesis neoclásica, la inflación debe ser el objetivo primordial de la política monetaria por varias razones. Primero, la inflación es ineficiente porque es un impuesto al uso de la moneda causando sustituciones sociales inadecuadas en el tiempo, además de que encarece el crédito y vuelve caro los balances nominales en el manejo de las transacciones. Segundo, los cambios en la fijación de precios de los distintos bienes de la

---

[35] Para una presentación matemática del modelo, véase Clarida, Galí y Gertler (1999).

economía, que no pueden ser indexados con la tendencia de la inflación, tienden a la baja cuando los niveles de inflación son bajos y así se minimizan las distorsiones en los precios debido a la escalonada de ajuste de precios entre las empresas. Tercero, una baja inflación ancla las expectativas de inflación hacia abajo y esto se refleja a su vez en tasas de interés que premian las expectativas (Feldstein, 1997).

Aunque es necesario aclarar que en el nuevo consenso teórico lo más deseable es un núcleo objetivo o bandas de inflación más bien que un nivel de inflación, debido a que unas bandas inflacionarias puede ser un ancla nominal más estable para las expectativas de inflación. Además, éstas permiten que la economía se ajuste a shocks externos de precios con pequeñas fluctuaciones en los precios de una manera más eficiente que con un nivel de inflación, el cual se debe defender de manera más agresiva ante cambios externos provocando mayores distorsiones en los precios (Goodfriend, 2007).

A lo anterior, se suma que el modelo de inflación objetivo al combinar expectativas forwardlooking en la fijación de precios por parte de las firmas junto con la competencia monopolística, además de los componentes del ciclo real en la modelación del consumo, provee cierta guía para la política monetaria basada en las siguientes razones.

Primero, se localiza la transmisión de la política monetaria sobre la actividad real en la influencia sobre los mark-up promedio de las firmas. El mecanismo de transmisión es el siguiente: la política monetaria expansiva actúa incrementando la demanda agregada, lo que incrementa los costos marginales y disminuye los mark-up. No obstante, estos bajos mark-up promedio traen consigo incrementos en producto y empleo ya que las firmas buscan satisfacer la demanda creciente siempre y cuando los márgenes no disminuyan demasiado.

Segundo, la estructura microeconómica en que operan las firmas hace deseable estabilizar los mark-up promedios, evitando variaciones recurrentes en los precios de las firmas que traen distorsiones a nivel macro. Por tanto, la conducta de fijación de precios forwardlooking de las firmas hace deseable diseñar políticas simples que hagan posible la intervención de política para reducir la brecha del producto, de ahí la importancia que los bancos centrales tengan reglas claras como la regla tipo Taylor (Woodford, 2003; 2009). Es decir, cuando la política monetaria tiene como prioridad un nivel de inflación estable, las firmas de la economía no alteran constantemente su precio y no provocan inflación ante las expansiones del gasto (Goodfriend y King, 1997).

Tercero, hay un pequeño trade-off entre inflación y producto si hay bajas tasas de inflación ya que en este caso las firmas no cambiaran muy a menudo sus precios. Por tanto, el mensaje es que la política monetaria debe estabilizar la senda del nivel de precios en orden de mantener el producto en su potencial. De hecho, mantener la inflación constante cada año lleva a que la economía vaya rápidamente a su nivel potencial, situación que se ha venido a denominar la divina coincidencia (Blanchard y Galí, 2007).

Cuarto, el modelo de inflación objetivo recomienda que una regla clara de políticas de tasa de interés puede estabilizar los mark-up que maximizan los beneficios de las firmas y así estabilizar el nivel de precios, al tiempo que se logra que el empleo y el producto estén en el nivel que lograrían si los precios fueran totalmente flexibles, como sucede en el modelo clásico del ciclo real (Galí, 2000).

En este sentido, la política monetaria se dice que es neutral cuando trata de aislar los shocks que enfrenta la economía con el fin de estabilizar el nivel de precios y neutralizar las fluctuaciones de empleo y producto manteniendo la demanda agregada conforme al producto potencial. Esta política monetaria neutral es deseable ya que al tiempo hace que también se maximice el bienestar de los hogares.

Quinto, las bajas tasas de inflación confieren un número de beneficios sumados también al hecho de lo deseable que es tener una política neutral. Aquello como consecuencia de que las bajas tasas de inflación producen a su vez bajas tasas de interés y ayudan a economizar el uso de la moneda[36]. Además, las inflaciones bajas minimizan los costos en la decisión de fijación de precios de las firmas y minimiza las distorsiones de precios relativos (Goodfriend, 2004).

Sexto, el modelo de inflación objetivo muestra que cuando hay objetivos de inflación establecidos por legislación sobre el banco central, se facilita la intervención de política en cada espacio del tiempo. La causa se debe a que un

---

[36] Los llamados costos de suela de zapato.

nivel de inflación objetivo establecido por mandato ayuda a asegurar la credibilidad, reduce los peligros de inflaciones desestabilizadores y permite que el banco central cambie sus tasas de interés de forma más agresivas cuando sea necesario estimular la economía, sin temor a subir las expectativas de inflación (Woodford, 2003; Goodfriend, 2004).

Se debe anotar que debido a los costos que tienen para las firmas la fijación de precios, éstas se preocupan por los costos y las expectativas futuras de inflación al momento de fijar su precio actual y determinar el mark-up que les maximiza el beneficio. Por tanto, cuando el objetivo de inflación es creíble, las firmas confían en que las posibles caídas de sus mark-up vigentes sean temporales ya que esperan que la política monetaria haga algo ante los brotes inflacionarios.

Es precisamente la credibilidad en los bajos niveles de inflación, lo que hace que las creencias de los futuros costos de las firmas, con rigideces nominales para fijar su precio, sean invariantes a los shocks temporales, lo que previene a las firmas de que sus expectativas de inflación se alteren y se transmitan al nivel general de precios. La credibilidad es entonces la mejor ancla de las expectativas de inflación que un banco puede tener para manipular adecuadamente su instrumento de tasas de interés y afectar de manera adecuada la demanda agregada. A su vez la credibilidad permite menores volatilidades en la brecha del producto, el empleo y la inflación (Woodford, 2003).

Se tiene así que la credibilidad es sumamente importante para el banco central, en el marco de la nueva síntesis, tanto para administrar de manera adecuada la demanda agregada, como para anclar las expectativas de inflación y llevar la economía al producto potencial. Además, la credibilidad permite, dada las expectativas, que las tasas de interés de largo plazo se muevan en función de las tasas de interés de corto plazo, haciendo que la política monetaria guiada por tasas de interés sea óptima y tenga gran influencia en todas las variables de la economía.

Aunque es necesario aclarar que para predecir de manera adecuada el efecto de una política sobre las tasas de interés de largo plazo, la demanda agregada y los precios, el banco central se ve obligado a crear una comprensión adecuada en el público sobre los impactos que tiene hoy la manipulación de las tasas de interés en respuestas a diversos eventos.

Es decir, una política monetaria guiada por los principios anteriores, le da los mayores grados de libertad para llevar a cabo políticas anti cíclicas contra el empleo y el producto. Por tal motivo, aún aquellos que se preocupan por la estabilización de la economía real tienen espacio en el modelo de inflación objetivo y comparten la prioridad de una baja inflación como la mejor herramienta contra cíclica.

En conclusión, se comparten dos importantes proposiciones teóricas alrededor del consenso. Primero, que los bancos centrales estabilizando la inflación pueden llevar a la economía al producto potencial o de pleno empleo, definido precisamente en el núcleo de la teoría del ciclo real. Lo segundo es que la inflación es costosa porque lleva a la economía lejos de su nivel potencial y hace que cualquier política económica tenga poco impacto en las variables reales (Galí, 2000; Goodfriend, 2008).

4.1. Prospectivas en el corto plazo

A modo de comentarios finales, la nueva síntesis neoclásica ha logrado, alrededor de la metodología del ciclo real, sintetizar elementos fundamentales originarios de la nueva macroeconomía clásica y keynesiana. La optimización intertemporal y las expectativas racionales como disciplina del equilibrio de la primera, y las rigideces nominales, los costos de ajuste de precios, la competencia monopolística y la potencialidad de la política monetaria en las tareas de estabilización de la segunda.

La nueva síntesis ha recogido así los elementos metodológicos desarrollados durante aproximadamente las últimas cuatro décadas, lo que en conjunto con los desarrollos teóricos de origen keynesiano y de la nueva macroeconomía clásica, han dado un giro fundamental no sólo a la forma de llevar a cabo investigación en macroeconomía, sino que también ha ofrecido a los bancos centrales, e instituciones relacionadas con temas macroeconómicos y monetarios, una guía clara para tomar decisiones de política y comprender los posibles efectos de algunos fenómenos que afectan a la economía en su conjunto.

Está claro, que el papel de la política monetaria tiene una relevancia notable dentro de la nueva síntesis, logrando la estabilización de precios y adicionalmente haciendo que una economía con rigideces en precios y salarios pueda comportarse de la manera más aproximada a una economía con precios perfectamente flexibles, consolidando no solo ganancias de bienestar al aminorar los efectos de las distorsiones, sino también manteniendo las variables de interés lo más cerca posible a sus valores potenciales y permitiendo la definición de planes de consumo e inversión de una manera más acertada.

Así como los modelos del ciclo real iniciales afrontaron grandes retos y evidenciaron limitaciones en la explicación de algunos eventos como la gran depresión, o de fenómenos como las diferencias en la rentabilidad de diferentes activos[37], las condiciones económicas actuales y la crisis financiera de 2008 han planteado una serie de retos a la nueva síntesis neoclásica.

Hace unos tres o cuatro años, algunos investigadores reanimaron su interés por la política fiscal como herramienta de estabilización cuando la evidencia empírica empezó a dar señales de que la política monetaria atravesaba cierto desgaste para reanimar la actividad económica en las economías más desarrolladas (Blanchard et al., 2010). Incluso, parece ser que las principales economías mundiales cayeron en una especie de trampa por la liquidez keynesiana y actualmente existen varios indicios de los peligros que puede traer el mantener una inflación baja para los grados de libertad de la política monetaria y su instrumento por excelencia; la tasa de interés.

Este nuevo ambiente tanto teórico como histórico de estos últimos años, abre un espacio al análisis de propuestas en las que se rescate la política fiscal como un instrumento estabilizador, buscando reglas que posibiliten el control de las fluctuaciones económicas y que, en adición a lo anterior, permitan que los agentes internalicen el comportamiento esperado del gobierno en la formación de sus expectativas. Se entiende entonces, la necesidad de explorar marcos en

---

[37] Vease Plosser(1989) y Rebelo(2005)

los que la política fiscal y monetaria interactúen con el fin de responder de forma eficiente a posibles choques que experimente la economía, reduciendo los efectos a corto plazo de los mismos y alcanzando los objetivos de largo plazo con celeridad. Es precisamente esta la frontera teórica sobre la que se está moviendo la nueva síntesis neoclásica.

Sin embargo, también es necesario recordar que las crisis de deuda han empezado aparecer rápidamente en muchas economías, principalmente de Europa, y se presentan como un obstáculo en el impacto político que puedan abrir los nuevos aportes teóricos ya que la coyuntura actual revive las políticas de austeridad tan recordadas en los años setenta y ochentas, limitándose las posibilidades del gasto fiscal como camino para reactivar de manera consistente la actividad económica.

En suma, la explicación de la crisis financiera surgida en 2008, la introducción de herramientas alternativas de política monetaria, como los encajes y los prestamos de última estancia, hasta las consecuencias de la barrera cero de la tasa de interés se plantean entre los intereses de los macroeconomistas actualmente, quienes han visto en las condiciones económicas de los últimos años la oportunidad de redimensionar la investigación y seguir haciendo usos de los desarrollos metodológicos recientes para comprender de una manera más amplia el ciclo económico, sus causas y consecuencias.

BIBLIOGRAFÍA

Argandoña, Antonio, Gámez Consuelo. y Mochón, F. (1997): *Macroeconomía avanzada II*. McGraw Hill. Segunda edición. Madrid.

Barro R J. (1974): "Are Government Bonds Net Wealth?", *Journal of Political Economy,* 82, 6, pp. 1095-1117.

Blanchard, Oliver, Giovanni Dell'Ariccia y Paolo Mauro (2010): "Repensar la política macroeconómica (Rethinking Macroeconomic Policy)", *Revista de Economía Institucional*, Vol. 12 Núm. 22.

Blanchard, O. y J. Galí (2007): "Real Wage Rigidities and the New Keynesian Model", *Journal of Money, Credit, and Banking,* 39, 1, Supplement, pp. 36-65.

Calvo, Guillermo (1983): "Staggered prices in a utility maximizing framework", *Journal of Monetary Economics*, 12, 3, pp. 383–98.

Chari, V. (1998): "Nobel Laureate Robert E. Lucas, Jr.: Architect of Modern Macroeconomics", *Journal of Economic Perspectives*, American Economic Association, vol. 12(1), pp. 171-86.

Clarida, Richard, Galí, Jordi y Gertler, Mark (1999): "The Science of Monetary Policy: A New Keynesian Perspective", *Journal of Economic Literature*, 37(4), pp. 1661-1707.

Clogg, C. y Haritou, A. (1997): "The Regression Method of Causal Inference and a Dilemma Confronting This Method", McKim and Turner (Eds), *Causality in Crisis*, pp. 83–112.

Clower, R. (1965): "The Keynesian Counterrevolution: A Theoretical Appraisal", En Walker, D. (Ed.), *Money and Markets*, Cambridge University Press, pp. 34-58.

Cooley, Thomas (1997): "Calibrated Models", *Oxford Review of Economic Policy*, 13, 3, pp. 55-69.

De Vroey, Michel y Malgange, Pierre (2011): "The History of Macroeconomics from Keynes's General Theory to the Present", *Discussion Papers Institut de*

Recherches Economiques et Sociales, No.2011028, Université catholique de Louvain.

De Vroey, Michel (2009): "New classical/real business cycle macroeconomics. The anatomy of a revolution", *Discussion Papers Institut de Recherches Economiques et Sociales*, No. 2009026, Université catholique de Louvain.

Dejong D.N y Chetan, Dave (2007): *Structural Macroeconometrics*, Princeton University Press.

Deleplace, Ghislain (2008): "La absorción de la macroeconomía por la microeconomía", *Lecturas de Economía*, Universidad de Antioquia, No. 69, pp. 245-298.

Dixit, Avinash K y Stiglitz, Joseph (1977): "Monopolistic Competition and Optimum Product Diversity", *American Economic Review*, American Economic Association, vol. 67(3), pp. 297-308.

Epstein, R. J. (1987): *A History of Econometrics*, Amsterdam, Elsevier Science Publishers.

Feldstein, Martin (1997): "The Costs and Benefits of Going from Low Inflation to Price Stability". En *Monetary Policy and Inflation*, ed. Christina Romer and David Romer, pp. 123–56. Chicago: University of Chicago Press.

Fischer, S. (1977): "Long-Term Contracts, Rational Expectations, and the Optimal Money Supply Rule", *Journal of Political Economy*, vol. 85, pp. 191-295.

Friedman, M. (1968): "The Role of Monetary Policy", *American Economic Review*, vol. 58, pp. 1-17.

Friedman M. y A. J. Schwartz (1963): *A Monetary History of the United States, 1867-1960*. Princeton University Press.

Gali, Jordi (2000): "New perspective on monetary policy, inflation and the businnes cycle", *Working paper*, Universitat Pompeu Fabra, España.

Ghez, Gilbert y Becker, Gary (1975): "The Allocation of Goods Over the Life Cycle", *NBER Chapters*, in: *The Allocation of Time and Goods over the Life Cycle*, pp. 46-82.

Goodfriend, Marvin (2007): "How the World Achieved Consensus on Monetary Policy", *Journal of Economic Perspectives*, American Economic Association, vol. 21(4), pp. 47-68.

Goodfriend, Marvin (2004): "Monetary Policy in the New Neoclassical Synthesis: A Primer". *Economic Quarterly*, Federal Reserve Bank of Richmond, Volume 90/3, pp. 21-45.

Goodfriend, Marvin y King, Robert (1997): "The New Neoclassical Synthesis and the Role of Monetary Policy", *NBER Chapters*, En: *NBER Macroeconomics Annual*, Volume 12, pp. 231-296.

Gordon, R. J. (1982): "Price inertia and policy ineffectiveness in the United States, 1890-1980", *Journal of Political Economy,* 90(6), pp. 1087-1117.

Hansen, Lars y James Heckman (1996): "The Empirical Foundations of Calibration", *Journal of Economic Perspectives*, American Economic Association, vol. 10(1), pp. 87-104.

Hicks, J. R. (1937): "Mr. Keynes and the 'Classics': A suggested interpretation", *Econometrica*, 5, pp. 147-159.

Hoover, Kevin (1995): "Facts and Artifacts: Calibration and the Empirical Assessment of Real-Business-Cycle Models", *Oxford Economic Papers,* Oxford.

Keynes, J. M. (1936): *Teoría General del Empleo, el Interés y el Dinero*. México: Fondo de Cultura Económica, 1986.

Klein, L. R y Goldberger, A. (1955): *An Econometric Model of the United States 1929– 1952*, Amsterdam: North Holland.

Kydland, Finn y Prescott, Edward (1996): "The Computational Experiment: An Econometric Tool", *Journal of Economic Perspectives*, American Economic Association, vol. 10(1), pp. 69-85.

Kydland, Finn y Prescott, Edward (1982): "Time to Build and Aggregate Fluctuations", *Econometrica*, No.6, Vol. 50, pp. 1345-70.

Kydland, Finn y Prescott, Edward (1977): "Rules rather than Discretion: the inconsistency of Optimal Planes", *Journal of Political Economy*, vol. 85, pp. 473-91.

Leijonhufvud, A. (1968): *On Keynesian Economics and the Economics of Keynes*, Oxford: Oxford University Press.

Long, J. y C. Plosser (1983): "Real Business Cycles", *Journal of Political Economy*, vol. 94, pp. 39-69.

Lucas, R. E. (1981): "Understanding Business Cycles", reprinted in Studies in *Business Cycle Theory*, Cambridge, The M.I.T. Press, pp. 215-239.

Lucas, R.E. (1976): "Econometric Policy Evaluation: A Critique", *Carnegie-Rochester Conference Series on Public Policy*, 1, pp. 19-46.

Lucas, R. E. (1973): "Some international evidence on output-inflation tradeoffs", *American Economic Review*, 63.

Lucas, R. E. (1972): "Expectations and the Neutrality of Money", *Journal of economic theory*, 4.

Malgrange, P. (1989): "The Structure of Dynamic Macroeconomic Models", En *Contributions to Operations Research and Economics: The Twentieth Anniversary of CORE*, B. CORNET, H. TULKENS Eds., M.I.T. Press.

Maya, Guillermo (2008): "Desde Keynes hasta Lucas", *Ensayos de Economía*, No.32, Universidad Nacional, Medellín.

McGrattan, Ellen (1997): "Comment to the The New Neoclassical Synthesis and the Role of Monetary Policy", *NBER Chapters, En: NBER Macroeconomics Annual*, Volume 12, pp. 283-286.

Modigliani, F. (1944): "Liquidity Preference and the Theory of Interest and Money", *Econometrica*, vol. 12, pp. 44-88.

Nelson, C.R y Plosser, C.I (1982): "Trends and random walk in macroeconomic time series: some evidence and implications", *Journal of monetary economics*, 10.

Patinkin, D. (1965): *Money, Interest and Prices*, New York: Harper and Row (second edition).

Pearl, J. (2000): *Causality: Models, Reasoning, and Inference*, Cambridge: Cambridge University Press.

Phillips, Alban William Housego (1958): "The Relation Between Unemployment and the Rate of Change of Money Wage Rates in the United Kingdom, 1861-1957", *Economica*, 25.

Plosser, Charles I. (1989): "Understanding Real Business Cycles", *Journal of Economic Perspectives*, 3, pp. 51–77.

Rebelo, Sergio (2005): "Real Business Cycle Models: Past, Present, and Future", *NBER Working Papers*, 11401, National Bureau of Economic Research, Inc.

Romer, David (2006): *Macroeconomía avanzada,* Mc Graw Hill. Tercera edición. Madrid.

Rowenhorst, K. Geert (1991): "Time to build and aggregate fluctuations. A reconsideration", *Journal of Monetary Economics*, vol. 27.

Salehnejad, Reza (2007): *Rationality, Bounded Rationality and Microfoundations*, London and New York: Palgrave Macmillan

Samuelson, Paul y Solow R. (1960): "Analytical Aspects of Anti-Inflation Policy", *American Economic Review*, 50(2), pp. 177-94.

Sargent, T. (1981): "Interpreting Economic Time Series", *Journal of Political Economy*, vol. 89(2), pp. 213-48.

Sargent, T. y Wallace, N. (1981): "Some Unpleasant Monetarist Arithmetic", *Quarterly Review*, Federal Reserve Bank of Minneapolis, (5), pp. 10-17.

Sargent, T. y Lucas, R. E. (1979): "After Keynesian macroeconomics", *Quarterly Review*, Federal Reserve Bank of Minneapolis, issue Spr.

Sargent, T y Wallace, N. (1975): "Rational Expectations, the Optimal Monetary Instrument, and the Optimal Money Supply Rule", *Journal of Political Economy*, 83(2), pp. 241-54.

Skott, Peter (2012): "Pluralism, the Lucas critique, and the integration of macro and micro", *Working Paper*, University of Massachusetts Amherst.

Simon, H. A. (1956): "Rational Choice and the Structure of the Environment", *Psychological Review* 63, pp.129–38.

Taubman, Paul y Fromm, Gary (1968): *Policy Simulations with an Econometric Model*, Washington, Brookings Institution.

Taylor, John (1993): "Discretion Versus Policy Rules in Practice", *Carnegie-Rochester Conference Series on Public Policy*, 39, pp. 195-214.

Taylor, John B. (1980): "Aggregate dynamics and staggered contracts", *Journal of Political Economy,* 88(1), pp. 1-23.

Taylor, John B. (1979): "Estimation and Control of a Macroeconomic Model with Rational Expectations", *Econometrica*, 47(5), pp. 1267–86.

Tinbergen, J. (1939): "Statistical Testing of Business-Cycle Theories", En *Business Cycles in the USA 1919-1932*, Vol. II, Geneva: League of Nations.

Tobin, James (1972): "Inflation and Unemployment", *American Economic Review*, Vol. 62, No. 1, pp. 1-18.

Wickens Michael (2008): *Macroeconomic Theory*, Princeton University Press.

Woodford, Michael (2009): "Convergence in Macroeconomics: Elements of the New Synthesis", *American Economic Journal: Macroeconomics*, 1(1), pp. 267–79.

Woodford, Michael (2003): *Interest and Prices: Foundations of a theory of monetary policy*, Princeton, NJ: Princeton University Press.

Woodford, Michael (1999): "Revolution and evolution in twentieth-century macroeconomics", Presented at the conference on "*Frontiers of the Mind in the 21st Century*", Washington.

CPSIA information can be obtained at www.ICGtesting.com
Printed in the USA
LVOW11s1725131115

462469LV00002B/437/P